일,
관계,
갈등이
술술 풀리는

완벽한
소통법

일,
관계,
갈등이
술술 풀리는

성과를 내는 조직의 커뮤니케이션 법칙

Communication

완벽한
소통법

유경철 지음

천그루숲

　사람들이 조직을 그만두는 가장 큰 이유는 무엇 때문일까? 연봉, 업무환경, 비전, 기업의 성장 가능성, 야근 …. 천만의 말씀이다. 직장인들이 퇴사를 하는 가장 큰 이유는 바로 '상사와의 갈등' 때문이다. 다른 조건이 완벽하다 하더라도 상사나 동료와 갈등이 생기면 일을 제대로 할 수 없다. 그렇다면 기업의 입장은 어떠할까? 하버드 경영대학원의 연구에 따르면 구성원들이 그만두는 가장 큰 이유 역시 전공이나 전문지식 등의 역량이 아니라 대인관계와 소통능력이 부족하기 때문이라고 한다. 이처럼 조직이나 개인 모두에게 소통능력은 매우 중요한 역량이다.

　오랜 기간 소통 관련 강의와 워크숍을 하며 느낀 점은 많은 사람들이 이미 소통의 중요성과 가치, 어려움과 해결방법을 알고 있다는 것이다. 그럼에도 아는 만큼 실행이 되지 않으며 실행을 할 때도 구체적인 방법을 몰라 어려운 상황에 놓이게 된다. 그래서 이 책에서는 직장이라는 공간과 일상생활 속에서 일어나는 관계와 소통의 어려움을 극복할 수 있는 다양한 사례와 팁을 담으려고 노력했다. 또

의식적 또는 무의식적으로 알고 있는 관계와 소통에 도움이 되는 지식과 스킬들을 리뷰하고 실행할 수 있는 힘을 주고 싶었다.

살아가면서 가장 필수적인 소통의 도구와 스킬만 알고 있어도 지금까지 관계와 소통 때문에 힘들어했던 사람들이 불통의 문제를 해결할 수 있는 힘을 가질 것이라고 믿는다. 사람들과 관계를 잘 맺고 소통을 잘해야겠다는 오만가지 생각도 결국 구체적인 행동으로 옮겨지지 않으면 아무런 소용이 없다. 이 책을 통해 사람들과의 관계와 소통에 자신감을 가졌으면 한다.

실제 이 책은 필자의 오랜 조직생활 경험과 기업교육 강사로서 강의를 수행한 수많은 대기업, 중견기업, 공공기관들의 현장에서 일어나는 다양한 사례 등이 참고되었다. 현실과 밀접한 관계와 소통 이야기, 실제 적용하여 효과적이었던 솔루션들이 우리의 머리를 명쾌하게 하고 가슴을 울리게 할 것이다.

이 책을 통해 많은 분들이 소통의 대가가 되었으면 한다. 사람들과 관계가 어려운 사람들, 소통하지 못해 불편한 사람들, 공감하지 못해 마음이 아픈 사람들…. 이 책이 동시대를 함께 살아가는 우리들에게 훌륭한 소통을 위한 작은 밀알이 되었으면 하는 바람이다.

자유로운 영혼이 흐르는 작업실에서

소통과 공감 유경철

Part 8 라포 - 관계를 열어주는 문

관계와 소통이 어려운 분들에게

기업과 공공기관에서 소통에 대한 강의를 할 때면 항상 '소통하면 떠오르는 단어나 문장이 있나요'라고 질문을 한다. 수만 명의 교육생들이 답한 내용을 집계해 보면 '경청' '공감' '대화' '역지사지' '상호작용' '배려' '눈맞춤' '신뢰' '갈등해결' '질문' '피드백' '교감' '존중' '협업' '연결' '성격' '라포' 같은 단어들이 많이 나왔다. 직무와 직위에 상관없이 대부분의 구성원들이 소통에 대해 비슷하게 생각하고 있는 것이다.

이처럼 이미 많은 사람들은 소통의 중요성과 가치, 어려움과 해결방법에 대해 잘 알고 있다. 그럼에도 소통이 어려운 이유는 익숙하지 않고 훈련되지 않았기 때문이다. 그래서 이 책에서는 소통에 대해 잘 알고 싶은 분, 지금도 잘하고 있지만 조금 더 잘하고 싶은 분, 구체적인 소통의 스킬을 배우고 싶은 분들에게 도움이 되는 내용들을 담으려고 노력했다. 즉, 사람들과 소통을 함에 있어 가장 필요한 마인드셋(소통의 본질), 경청, 공감, 피드백, 성격, 질문, 말하기, 라포, 갈등관리, 세대공감 등 10가지 키워드를 통해 일상과 조직에서 필요한 다양한 소통 방식과 솔루션을 소개하고자 한다. 이제 여러분은 소통에 문제가 있을 때 관련 주제를 읽고 느끼며 따라 하면 된다.

Part 1 '소통의 본질'에서는 소통에 대한 마인드셋과 본질을 이해하고, 소통을 잘하는 사람과 못하는 사람, 신뢰와 존중에 대해 알아본다.

Part 2 '경청'은 대화의 방법 중 가장 중요한 스킬로서, 경청의 중요성을 이해하고 경청 프로세스를 통해 공감적 경청을 할 수 있는 솔루션을 학습한다.

Part 3 '공감'은 상대방의 감정과 본심을 들으며 그들의 입장이 되어 보는 것이다. 공감의 전제조건과 공감대화를 할 수 있는 프로세스를 알아본다.

Part 4 '피드백'은 사람들에게 변화의 기회를 주는 소통 스킬로서, 칭찬을 통해 동기부여를 하고 건설적 피드백을 통해 행동의 변화를 일으키는 스킬을 학습한다.

Part 5 '말하기'에서는 비폭력대화, I-Message, PREP 공식을 통해 상대방을 이해시키고 설득할 수 있는 소통 스킬을 학습한다.

Part 6 '질문'에서는 상대방의 생각을 통해 자신의 문제에 접근하는 방법과 문제를 해결할 수 있는 힘을 얻을 수 있다.

Part 7 '성격'에서는 사람들과 관계를 맺고 소통하는 과정에서 성격의 다름을 이해할 수 있을 때 새로운 관계를 만들고 화합하며 살아갈 수 있음을 확인한다.

Part 8 '라포'에서는 비언어 커뮤니케이션인 오감(시각·청각·후각·촉각·미각)을 통해 상대방과 마음의 유대를 갖는 방법에 대해 학습한다.

Part 9 '갈등관리'에서는 조직에서 일어나는 다양한 갈등을 이해하고, 갈등 문제를 어떻게 해결할 수 있는지에 대해 사례와 함께 설명한다.

Part 10 '세대공감'에서는 기성세대와 MZ세대에 대한 특성을 살펴보고, 서로 효과적으로 관계를 맺고 소통하는 솔루션을 알아본다.

살아가면서 관계 때문에 힘들어하는 사람들, 상사와의 갈등 때문에 회사에 가기 싫은 사람들, 후배직원들과 대화가 되지 않아 답답한 상사들, 동료들과 지속적인 관계 형성이 어려운 사람들, 일상생활에서 새로운 인연을 맺고 좋은 관계를 유지하고 싶은 사람들, 지인들과 더 친밀해지기를 원하는 사람들은 이 책《일, 관계, 갈등이 술술 풀리는 완벽한 소통법》을 통해 새로운 관계를 정립할 수 있는 기회가 될 것이다.

　우리는 누구나 행복해지고 싶어 한다. 왜냐하면 행복해지고 싶은 마음은 인간이 살아가는 궁극적인 이유이기 때문이다. 진정으로 행복해지고 싶은가? 그렇다면 이 책을 통해 지금부터 완벽한 소통을 시작해 보자.

PART
1

소통의 본질

내가 변해야
타인과 이어진다

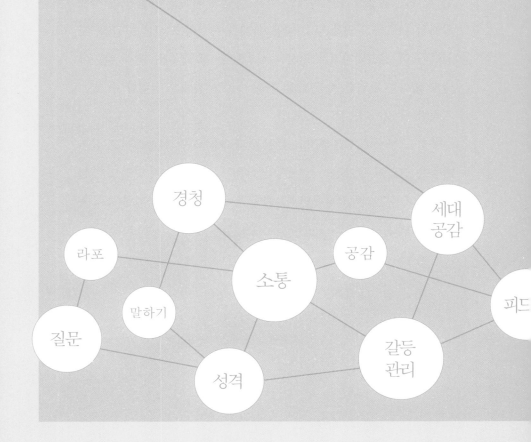

경청

라포

공감

세대
공감

소통

피드

질문

말하기

성격

갈등
관리

사람들과 원활한 관계를 맺으며 소통하기 위해서는 자신의 관점이 타인과 다를 수 있다는 것을 인정해야 한다. 그리고 자신이 가진 신념과 가치관이 자신을 고통스럽게 하고 관계를 어렵게 만든다면 신념과 가치관을 유연하게 바꾸거나 버릴 수 있어야 한다.
사람은 타인 중심의 관점으로 대할 때 더욱 친밀해진다. 타인과 연결되는 것은 내가 그 사람이 되어 보는 것이다. 역지사지(易地思之)의 마음으로 관계를 맺고 소통을 한다면 사람들과의 갈등은 사라지고 관계의 불편함에서 자유로운 사람이 될 것이다.

일상에서의 소통은 누구나 어렵다

경영학의 구루 피터 드러커는 "인간에게 가장 중요한 능력은 자기표현력이며, 현대의 경영이나 관리는 커뮤니케이션에 의해 좌우된다."고 말했다. 이처럼 우리는 소통이 없으면 살아갈 수 없는 시대에 살고 있다. 일상생활에서도, 조직생활에서도 커뮤니케이션은 매우 중요하다.

우리의 궁극적인 목표는 행복한 삶이다. 일을 하는 이유도 행복과 연결되어 있다. 그렇다면 행복해지기 위해서는 무엇이 필요할까? 내가 관계를 맺고 있는 사람들과 '인간관계'가 좋아야 한다. 아침에 출근할 때마다 보기 싫은 사람이 있으면 기분이 나쁠 것이다. 말도 섞기 싫기 때문에 일의 능률도 떨어지고 행복감은 자연스럽게 멀어진다. 그럼 인간관계를 좋게 만들려면 어떻게 해야 할까? 상대방과 커뮤니케이션, 즉 '소통'을 잘해야 한다. 결국 행복해지기 위해서는 커뮤니케이션 능력이 좋아야 한다. 개인의 삶에서도, 조직에서도 소통이 중요한 이유이다.

────── 소통은 말한 내용이 실행될 때까지의 과정을 관리하는 것

'조직에서 가장 중요한 것이 무엇인가?'라고 묻는다면 단연 '소통(疏通)'이라고 말할 수 있다. 실제로 조직에서 일하는 시간 중 커뮤니케이션에 할애하는 비중이 무려 70%에 가깝다는 연구 결과도 있다. 말하고 듣는 것은 기본이고, 문서로 쓰는 보고서·기획서·제안서도 모두 문서 커뮤니케이션이기 때문이다. 따라서 소통은 조직의 성과(成果)와 밀접한 관계가 있다고 말할 수 있다.

독일의 철학자 칼 야스퍼스는 "인간의 가장 큰 업적은 개인에서 개인으로의 의사소통이다."라고 말했다. 인간이 지금까지 성취를 이룬 결과의 대부분이 상호간의 소통이 있었기에 가능했다는 것이다. 따라서 인간이 살기 위해 숨을 쉬는 것처럼 우리의 삶을 지배하고 관계를 결정짓는 소통에 대해 우리는 끊임없이 관심을 가져야 한다.

소통(communication)의 사전적 의미는 '뜻이 통하여 서로 오해가 없는 것'이다. 뜻이 통하고 오해가 없으면 되는데 소통이 왜 이리 어려운 걸까? 사람들이 서로 각자만의 방식으로 소통을 하려고 하기 때문이다. 상대방의 말을 제대로 듣고 공감하여 맞는 내용인지 확인해야 하는데, 자기 방식대로

> 소통은 말로만 끝나는 것이 아니라 말한 내용이 실행될 때까지의 과정을 관리하는 활동이다. 대화의 인과적인 과정을 제대로 관리하는 리더가 소통을 잘하는 리더이다.

만 들으려고 하기 때문에 소통이 되지 않는 것이다. 따라서 소통이 잘되기 위해서는 상대방에게 내 말을 충분히 이해할 수 있게 설명하고, 공감했는지까지 확인하며, 실제 들은 내용을 행동으로 옮기고 있는지까지 확인하는 것이다. 결국 소통은 말로만 끝나는 것이 아니라 말한 내용이 실행될 때까지의 과정을 관리하는 활동이다.

조직에서 상사가 후배직원에게 업무지시를 했다고 가정해 보자. 업무지시를 한 후에 후배직원이 제대로 들었는지 확인하고 내용에 대해 공감했는지 확인한 후에 실제 업무 마감일까지 업무를 제대로 하고 있는지 중간중간 체크하는 리더가 소통을 잘하는 리더이다. 결국 조직에서의 소통은 대화의 인과적인 과정을 제대로 관리하는 것이다.

소통은 마인드셋과 패러다임이 전부다

소통에 대해 이야기하다 보면 대부분의 사람들은 이미 다 알고 있는 것이라고 말한다. "경청하고 공감하라는 거잖아요. 상대방을 배려하고 존중하면 되는 거죠? 어떻게 해야 하는지 다 안다니까요." 그런데 실제 그들의 모습을 관찰해 보면 자신이 아는 것을 제대로 실천하는 사람은 거의 없다. 그 이유는 머리로만 이해하고, 행동으로 옮기지 못하기 때문이다. 행동으로 옮기지 못하는 가장 큰 이유는 소통에 대한 마인드셋과 패러다임이 형성되지 않았기 때문이다.

——— 마인드셋과 패러다임

마인드셋(Mindset)은 우리의 마음이 세팅되어 있는 상태, 마음의 상태, 삶을 바라보는 관점이다. 소통 마인드셋은 내가 타인과 소통할 때 어떻게 해야 할지 내 머리와 몸속에 이미 세팅되어 있는 상태

이다. 그런데 머리로만 이해하고
소통 마인드셋이 세팅되어 있지
않으면 실제 대화를 할 때 듣는 것
과 다르게 행동한다. 동료에게 친
절하게 대해야 한다는 것을 알면
서도 소통 마인드셋이 안 되어 있
으면 동료와 대화할 때 마음에 안

마인드셋(Mindset)
마음이 세팅되어 있는 상태,
마음의 상태,
삶을 바라보는 관점

패러다임(Paradigm)
사람들의 견해나 사고를 지배하
고 있는 이론적 틀이나 개념의
집합체

드는 상황에서 갑자기 화를 내고 상대방을 함부로 대하기도 한다.

패러다임(Paradigm)은 사람들의 견해나 사고를 지배하고 있는 이론적 틀이나 개념의 집합체를 말한다. 사람은 자신만의 패러다임에 따라 행동하고 말하게 된다. 의미상으로 보면 마인드셋과 패러다임의 맥락은 비슷하다. 결국 소통을 잘하는 사람들은 소통 마인드셋과 소통 패러다임을 긍정적이면서 올바르게 행동으로 보여주는 사람들이다. 소통에 대한 마인드셋과 패러다임이 긍정적으로 세팅되어 있는 사람들은 알고 있는 것을 제대로 실천한다.

긍정 소통 마인드셋이 세팅되어 있으면 타인을 존중하고 배려하며 말하고, 화가 날 때도 스스로 제어할 수 있으며, 상대방 중심으로 생각하면서 대화를 한다. 기본적으로 경청과 공감을 잘하며, 타인을 존중하면서 논리적으로 피드백할 수 있다. 갈등상황에서도 타인의 의견에 공감하며 최선의 결과가 나올 수 있도록 노력한다. 또한 상대방의 스타일과 성격을 파악해 그에 맞는 맞춤형 소통을 하기도 한다.

이 모든 행동들은 소통 마인드셋과 패러다임의 변화에서 온다. 이 것이 소통의 모든 것이다. 따라서 항상 소통 마인드셋이 긍정적이고 올바르게 되어 있는지 점검하고, 긍정 소통의 패러다임 변화를 위해 무엇을 할지 고민해야 한다. 결국 소통을 잘하는 사람은 메타인지를 통해 자신을 객관화할 수 있으며, 자신의 장점과 단점을 충분히 이해하고 단점을 변화하려는 행동의 의지에서 결정된다.

——————— 소통 마인드셋과 패러다임을 세팅하는 방법

뇌 과학자들이 마인드셋을 세팅하는 방법은 주로 다음과 같다. 우선 나에게 부족한 소통 마인드셋이 무엇인지 찾아야 한다. 만약 경청과 공감이 부족하다고 생각하면 그것을 종이에 쓴다. '오늘도 대화를 할 때 경청과 공감을 먼저 할 것이다'라고 손으로 종이에 쓰는 것이 가장 좋다. 긍정적인 소통을 하고자 한다면 '오늘도 항상 웃으면서 긍정적으로 생각하고 사람들의 장점만 보겠다'고 손으로 쓴다. 손으로 쓰는 것이 어렵다면 디지털 메모장이나 주로 이용하는 SNS 에라도 일단 써라. 매일 같이 '경청과 공감을 잘하자' '긍정적인 생각을 가지고 상대방의 좋은 점만 보면서 대화하자'라고 쓰는 것이다. 100일 정도 계속 쓰면 습관이 세팅된다. 흔히 뇌와 몸에 체득화된다고 말한다. 100일 정도 손으로 쓰는 행위를 하거나 디지털 메모장에 계속 반복해서 쓰면 뇌가 기억한다. 그러면 100일 이후에는 저절로 소통 마인드셋이 장착되어 내가 작성한 대로 하게 된다. 뇌는 현실과 상상을 구분하지 못하기 때문에 이런 반복적인 행동들이 효과가 있다. 물론 손으로 쓰기만 한다고 무조건 실현되는 것은 아니다. 손으로 쓰는 것과 함께, 뇌에서는 내가 그렇게 행동할 수 있도록 계획을 세우고 습관을 만들어 실제 행동으로 옮기게 하는 것이다.

이렇게 매일같이 쓰는 것이 가장 좋지만 그것이 어려우면 매일같이 보기라도 해야 한다. 책상 앞에 손으로 쓴 내용을 붙여 놓고 매일 보면서 반복해서 기억하는 것이다. 노트북이나 스마트폰의 바탕화면에 저장해 놓고 매일 보면서 스스로 변화할 수 있도록 자극하는 것도 좋은 방법이다. 이처럼 꾸준히 소통습관을 만드는 것으로 마인드셋을 키울 수 있다.

나에게 개선이 필요한 부분들을 적고, 그것을 마인드셋하는 연습을 해보자. 이 방법을 꾸준히 사용하면 수년간 또는 수십 년간 변하지 않았던 나의 소통습관을 변화시킬 수 있다. 욕심부리지 말고 먼저 한 가지만 실천해 보자. 100일 동안 지속하면 변화된 나의 모습을 발견하고, 새로운 나로 재탄생할 수 있다. 소통 마인드셋을 만드는 것만이 진정한 변화를 가져올 수 있다. 아무리 교육, 피드백, 생각을 많이 한다고 해서 절대 변화를 일으킬 수 없다. 마인드셋과 패러다임을 기억하라. 그것만이 나를 성장시키고 변화시키는 길이다.

인식의 프리즘

소통의 본질을 이야기할 때 비유하는 것이 '프리즘'이다. 어린 시절 가지고 놀았던 프리즘을 기억해 보자. 빛이 프리즘을 통과하면 방향에 따라 팔주노초파남보 등 다양한 색깔로 보여지게 된다. 소통도 프리즘과 같은 원리를 적용할 수 있다.

─────── 소통이 어려운 것은 인식의 프리즘 때문이다

인간은 살아온 환경과 성격, 가치관, 신념 등이 모두 다르기 때문에 각자의 욕구, 감정, 생각도 다르다. 이를 '인식의 프리즘'이라고 한다. 동일한 영화를 봤는데 한 명은 너무나 재미있었다고 하고, 다른 한 명은 최악이라고 말하는 이유도 바로 인식의 프리즘 차이 때문이다. 이런 상황이 벌어질 때 '저 사람은 참 이상하네. 재미있는 영화를 재미없다고 말하다니…'라고 생각하고 '나랑 너무 다르군.

같이 어울릴 사람은 아니군!'이라고 생각하면 그 사람과의 관계와 소통은 어렵게 된다. 이처럼 사람들은 각자의 욕구, 감정, 생각이 다른 인식의 프리즘을 통해 세상을 본다. 따라서 우리가 대화를 할 때 나의 욕구, 감정, 생각은 사실이 아님을 인정하는 것이 중요하다. 나의 욕구, 감정, 생각은 객관적인 사실이 아니라 주관적인 경험임을 인정하는 것이다. 다른 사람이 보고 들은 것을 내가 똑같이 보고 듣지 못했다는 것을 인정하는 것이 소통의 본질을 파악하는 데 있어 매우 중요하다.

인식의 프리즘을 이해할 수 있다면 사람들과 대화할 때 인식의 폭이 넓어진다. 내가 말한 것이 옳다고 생각하지만 다른 사람들이 다른 의견을 낸다고 하더라도 불편하지가 않다. 왜냐하면 우리는 인식의 프리즘을 통해 서로 다른 생각을 할 수도 있다는 것을 충분히 알고 있기 때문이다. 이를 통해 다양한 관점에서 바라볼 수 있고 타인의 의견도 수용해서 들을 수 있다.

──────── 인식의 프리즘 대화 방법

인식의 프리즘을 이해한다는 것은 사고의 영역을 넓히는 작업이다. 이것이 잘되면 소통의 본질 관점에서 누구와도 편하게 대화할 수 있다. 일반적으로 갈등이 생겼을 때 대화가 잘 안 되는 이유는 사람들이 자신의 말만 맞다고 생각하고 타인의 생각을 받아들이려고 하지 않기 때문이다. 그러나 다음과 같이 나와 타인의 인식의 프리즘을 이해하고 받아들이면 그 어떤 사람과도 편하게 소통할 수 있다.

1) 일단 대화를 할 때 상대방의 인식의 프리즘을 존중하고 이해한다. 나와 다른 의견이 나오면 그 자체로서 충분히 인정하고 존중해 주는 것이다.

2) 자신의 인식의 프리즘을 명확하게 표현한다. 타인의 다름을 인정하되 나의 생각도 잘 표현해야 한다. 내가 왜 그렇게 생각하는지에 대한 명확한 설명이 필요하다. 그래야 상대방도 내 생각을 인식하고 자신의 생각과 비교할 수 있게 된다.

3) 다양한 사람들의 인식의 프리즘을 탐색한다. 타인의 인식의 프리즘을 비교해 보고 다른 사람들은 어떤 생각을 가지고 있는지 탐색해 보는 것이 중요하다. 사고의 유연성을 넓히고 어떤 의견도 거부감없이 수용하려는 자세, 인식의 프리즘은 결국 타인을 있는 그대로 바라보며 존중하고 배려하는 자세이다.

　　이처럼 상대방의 다양한 관점을 받아들이고 그것을 통해 나의 생각을 공유하면 적절한 합의점을 찾을 수 있다. 지금 나를 한번 되돌아보자. 동료들 또는 후배들과 이야기할 때 내 고집만 피우고 있지 않은가? 아니면 다양한 관점을 존중하고 그들의 생각에 공감하려고 하는가? 인식의 프리즘을 이해하면 소통의 본질을 이해하게 되고, 그 누구와의 대화도 두렵지 않게 된다. 나와 생각이 다르다고 해서 비난하지 않는다. 모든 생각들을 수용할 수 있으며 다양한 관점에서 사고할 수 있다. 소통의 본질은 결국 나와 다른 타인의 욕구, 감정, 생각을 수용하며 존중하고 배려하는 것이기 때문이다.

호감을 느끼는 사람들

　다른 나라에 가려면 여권이 필요한 것처럼 나의 말을 상대방에게 제대로 전달하려면 마음의 여권이 필요하다. 마음의 여권은 호감을 뜻한다. 관계와 소통에서 절대적으로 중요한 것이 바로 서로 간의 호감이다.

　조직에서 일을 할 때 호감이 있는 동료가 점심식사를 같이 하자고 하면 대부분 기쁜 마음으로 약속을 잡고 식사를 할 것이다. 그러나 비호감인 동료가 식사를 하자고 하면 바쁘다는 핑계를 대며 피하고 싶을 것이다. 이처럼 사람들은 호감이 있는 사람들과 더 많은 관계를 맺고 대화를 하고 싶어 한다. 따라서 호감을 느끼는 사람이 되어야 좋은 소통을 할 수 있다. 호감을 얻기 위해서는 웃으면서 대화를 하고, 상대방을 존중하면서 배려와 관심을 가지고 솔직하게 감정을 표현해야 한다.

소통을 잘하는 사람들은 끊임없이 타인을 관찰하며 적절한 타이밍에 좋은 질문을 던진다. 질문을 통해 말하는 쪽이 전하고 싶었던 말과 듣는 쪽이 받아들인 내용이 일치하는지 확인하는 것이 필요하다. 예를 들어 '지금 당신이 한 말을 나는 ～～라는 뜻으로 받아들였는데 그것이 맞나요?'라고 확인하는 자세가 배려인 것이다. 상대방의 생각을 인정하고 확인하는 마음, 그것이 곧 상대방을 배려하는 마음이자 사랑의 마음이다.

────── 호감(친밀함)의 7단계

베스트셀러 작가인 매튜 켈리는 저서 《친밀함》(신혜경 역, 해피니언 2006)에서 "조직 구성원들의 친밀함은 7단계로 구성되어 있으며, 친밀함에 따라 관계와 소통의 범위도 다르다."고 말한다.

친밀함의 7단계

진부함
사실
의견
꿈과 희망
느낌
결점, 두려움 그리고 실패
진정으로 필요한 것들

1단계) 진부함(Cliché)

일상적·업무적 내용의 대화를 나누면서 편안함을 느끼는 단계이다. 가장 기본적인 친밀함의 단계이다.

2단계) 사실(Facts)

일반적인 세상의 이야기를 나누며, 서로의 신상에 대해 소개할 수 있는 정도의 친밀함이다. 개인적인 이야기를 나눈다는 점에서 1단계보다 나은 단계지만 여전히 일반적인 친밀함의 단계이다. 조직에서 일하는 사람들의 대부분은 2단계 이상을 넘기가 힘들다.

3단계) 의견(Opinions)

업무적인 이야기를 하는 것을 넘어 상대방과의 공통점과 차이점, 갈등의 요소들을 알 수 있다. 내가 굳이 친하다고 말로 하지 않아도 친밀해 보이는 사이라고 할 수 있다.

4단계) 꿈과 희망(Hopes & Dreams)

서로의 미래를 함께 만들어 가는 친밀함의 단계이다. 조직에서는 서로의 경력개발에 대해 고민해 주고, 성장에 대한 관심과 도움을 줄 수 있다.

5단계) 느낌(Feelings)

진솔한 느낌을 나누면서 진정한 존중과 배려심을 갖는다. 어려움이 있을 때 기꺼이 도와주며 정서적인 공감을 나누는 관계이다.

6단계) 결점, 두려움 그리고 실패(Fears, Failures, Weaknesses)

자신의 결점과 어려움까지 솔직하게 이야기할 수 있는 단계이다. 상대방을 전적으로 신뢰하지 못하면 자신의 치부까지 드러낼 수 없으나 이 단계에서는 가능하다. 서로에게 좋은 영향력을 주는 것은 당연한 일이다.

7단계) 진정으로 필요한 것들(Needs)

서로를 진심으로 도와줄 수 있고, 말하지 않아도 다 이해하고 공감할 수 있는 관계이다. 조직에서 끝까지 신뢰하며 끌어줄 수 있는 단계로, 상대방의 표정만 보고도 어떤 상태인지 인지할 수 있으며 상대방을 위해 모든 것을 다 해줄 수 있는 진짜 친한 관계이다.

이처럼 친밀함의 단계에 따라 소통의 수준도 달라진다. 당신은 조직에서 구성원들과 어느 정도의 친밀함을 가지고 있는지 살펴보고, 3단계 이상의 친밀함을 유지하기 위해서는 어떻게 해야 하는지에 대해 생각해 보자. 동료들과 나의 친밀함의 수준이 2단계 이하라면 나는 업무적인 대화만 하고 있는 것이다. 3단계 이상 올라갔을 때 마음속의 더 깊은 이야기를 나눌 수 있으며, 신뢰가 쌓여 더 많은 것들을 함께할 수 있고, 결국 성과도 낼 수 있다. 좋은 소통은 친밀함의 깊이에서 시작된다.

신뢰와 존중은 소통의 시작

'신뢰'란 둘이나 그 이상의 개인적인 관계, 서로가 서로에게 이로운 방식으로 행동할 것이라는 예상을 특징으로 하는 관계이다.

둘 사이에 신뢰가 형성되었다는 것은 상대방이 어떤 말이나 행동을 해도 나에게 도움이 될 거라는 믿음이 있다는 것이다. 이처럼 서로에게 신뢰가 있어야 소통이 시작된다. 하버드경영대학원의 프랜시스 프라이 교수는 "신뢰에는 3가지 동력이 있는데, 그것은 진정성, 논리, 공감이다. 사람들은 상대방이 진정성(Authenticity)을 가지고 의사소통을 할 때 신뢰를 느낀다. 또한 논리적(Logic)으로 말할 때 상대방의 판단과 능력을 믿는다. 마지막으로 사람들에게 관심을 가지는 공감(Empathy) 소통을 할 때 신뢰를 느낀다."고 말한다. 상대방을 믿는 소통을 한다는 것은 결국 논리적인 말을 하지만 그 안에 진정성과 공감이 함께 있어야 가능하다는 것이다.

상대방을 존중하는 소통도 매우 중요하다. 베스트셀러 작가인 조셉 그레니는 저서《결정적 순간의 대화》(김경섭 역, 김영사, 2023)에서 "존중은 공기와 같다. 공기가 있을 때 사람들은 그 소중함을 모른다. 하지만 공기가 없을 때 그 소중함을 다시금 깨우치게 된다."고 말한다. 즉, 조직이 존중하는 문화를 가지고 있지 않으면 구성원들은 서로 소통을 하려 하지 않고, 일의 능률 또한 오르지 않는다.

존중의 문화는 전염되는 속성을 가지고 있다. 리더가 구성원을 존중하면 구성원들도 서로 존중하게 된다. 타인을 존중하는 방법은 어렵고 복잡한 것이 아니다. 감사하는 마음으로 대화하기, 타인의 말에 경청하기, 구성원들과 함께하기, 동료들이 잘한 점을 회사에 알리기 등이다. 특히 리더가 구성원들의 성과를 인정하고 반갑게 인사하고, 작은 일에도 경청하는 모습을 보이면 적은 노력으로도 성과는 올라간다.

───── 아리스토텔레스의 '신뢰'

기원전 4세기 경 고대 그리스 소피스트들은 사람들 간에 분쟁이 발생하면 의뢰인을 위해 변론을 했는데, 배심원들은 더 설득력 있게 말하는 소피스트 앞에 작은 돌멩이를 놓음으로써 그들의 손을 들어주었다. 이러한 소피스트로 인해 당시 그리스에서는 사람들을 설득하는 웅변술과 수사학이 크게 발달하였다.

철학자 아리스토텔레스는 말을 조리있게 하고 효과적으로 설득하는 방법을 가르치기 위해《수사학》을 집필했는데, 여기에서 그는

에토스
설득하는 사람의
고유한 성품, 신뢰도

설득의 3요소

파토스
듣는 사람의 심리상태

로고스
상대방에게 명확한 증거를
제공하기 위한 논리

사람을 설득하기 위해서는 에토스, 파토스, 로고스가 중요하다고 주장했다.

1) 에토스

에토스는 설득하는 사람의 고유한 성품, 매력, 카리스마와 진실성 등을 의미한다. 상대방을 설득하기 위해서는 말하는 사람이 믿을 수 있어야 가능하다. 상대가 나를 좋아하고 신뢰한다면 내가 논리적으로 조금 부족하더라도 나의 말을 믿고 따를 수 있다. 그러나 신뢰하지 않는다면 아무리 논리적으로 완벽하더라도 의심할 수 있다. 상대에 대한 신뢰가 중요한 이유다.

2) 파토스

파토스는 듣는 사람의 심리상태를 말한다. 상대방의 심리 또는 감정 상태는 설득에 큰 영향을 미친다. 따라서 오감을 잘 활용해 상대방의 상태를 잘 살펴야 한다. 예를 들어 상사가 기분이 좋지 않을 때 보고서류를 가지고 들어가는 것은 파토스를 고려하지 않고 소통하는 것이다. 상사의 기분이 좋을 때 보고서류를 가지고 들어가면 기분 좋게 결재를 끝내고 나올 확률이 크다. 상대방의 감정상태를 확인하는 것은 그래서 중요하다.

3) 로고스

상대에게 명확한 증거를 제공하기 위한 논리를 말한다. 아리스토텔레스는 '인간은 이성적인 존재이기 때문에 무언가를 결정할 때 합리적인 이치에 근거한다'고 보았다. 즉, 논리와 증거를 갖추지 못하면 설득은 불가능하다는 것이다. 조직에서 일할 때 논리적인 사고가 기본이 되는 이유이기도 하다.

아리스토텔레스는 일단 논리가 되어 있어야 대화가 시작될 수 있다고 말했다. 즉, 논리는 가장 기본적인 것이고, 이것이 갖춰진 다음에 에토스와 파토스도 통하게 된다는 것이다. 에토스가 아무리 좋은 사람이라도 논리적으로 계속 맞지 않으면 결국 신뢰를 잃을 수 있기 때문이다.

사람을 설득하기 위한 에토스, 파토스, 로고스의 3가지를 모두 갖추고 소통을 한다면 그 누구도 설득할 수 있다. 이 중 나에게 부족한 것이 무엇인지 확인하고, 이를 개선하기 위해 노력하는 것이 중요하다. 이때는 생각만 하지 말고 행동으로 옮길 수 있는 소통 마인드셋을 꼭 장착해야 한다.

신념과 가치관을 유연하게 적용하라

사람들이 "당신은 누구입니까?"라고 묻는다면 뭐라고 대답할 것인가? 일반적으로 "나이는 몇 살이고 어느 회사의 무슨 직급이고 결혼을 했고 아이가 있으며 부모님이 살아 계시고 어느 동네에 살고 있습니다."라고 자신의 상황과 배경을 설명할 것이다. 그렇다면 이렇게 설명하는 것이 당신을 제대로 소개한 것일까? 당신의 주변이, 환경이, 역할이 당신의 진짜 모습일까? 그 책임과 역할을 당신이라고 믿고 싶은 것은 아닐까?

'진짜 나는 누구인가?' '나는 어떤 사람인가?'에 대해 제대로 대답하려면 먼저 신념에 대한 이해가 필요하다. '나는 나의 신념의 종합선물세트'라고 설명하면 어떨까? 내가 믿고 있는 수많은 신념이 모여 '나'라는 사람이 탄생한 것이다. 그것이 바로 진정한 '나'인 것이다.

당신은 누구입니까?

신념
나는 신념(Belief)의 합(Identity)

─────── 장애물이 되는 신념은 유연한 적용이 가능하다

신념이란 세상을 판단하는 나의 기준, 나를 판단하는 나의 기준, 살아가는 모든 것에 대해 내가 그렇다고 믿거나 또는 그래야 한다고 생각하는 기준, 그렇게 하지 않으면 안 된다고 생각하는 믿음을 말한다. 신념은 큰 신념과 작은 신념으로 구분할 수 있다.

큰 신념은 종교, 정치성향 등과 같이 쉽게 바꾸기 힘든 것이다. 기독교인들에게 갑자기 불교로 개종하라고 하면 가능한 일인가? 당연히 불가능할 것이다. 그래서 큰 신념은 바꾸기 어렵다. 이런 특징 때문에 잘못된 큰 신념을 가진 사람들은 자신과 타인을 더 힘들게 하기도 한다.

작은 신념은 개인이 가지고 있는 수많은 작은 신념들의 집합이다. '하루에 3번 양치질하기' '아침 7시 전에 일어나기'와 같은 작은 신념은 습관과도 비슷하다. 이처럼 내 삶을 이루고 있는 작은 행위들이 모여 작은 신념을 이루기 때문에 사람들은 노력 여하에 따라 작은 신념들을 얼마든지 습관화시킬 수 있고 변화시킬 수도 있다.

　삶을 살아가면서 무조건적으로 긍정적으로 생각하고 말해야 한다는 큰 신념을 가지고 사는 사람들이 있다. 그런 사람들은 실제로 긍정적으로 삶을 살아가고 대화할 때도 긍정적으로 말한다. 반면 신념 때문에 지치고 힘들게 살아가는 사람들도 있다. 그 신념이 자신의 삶에 장애물인지도 모르고 그저 자신의 신념을 지키기 위해 묵묵히 앞으로 나아가는 사람들이다. 이 경우 신념 때문에 삶이 힘들어진다.

　사람들은 신념을 중심으로 세상을 바라보고 그것이 더욱 강화되기 때문에 신념은 세상을 해석하는 기준이 되기도 한다. 신념은 일정 정도 타고난 것도 있지만 어렸을 때의 가정환경이나 성장하면서 교육받고 개발된 영역이 더해지기 때문에 마음만 먹으면 스스로 변화가 가능하다. 사람들과의 관계나 소통도 마찬가지다. 나의 소통을 방해하는 작은 신념이 있다면 변화가 가능하다. 타인에 대한 나의 작은 신념, 대화를 하면서 생기는 신념이 타인과의 관계 형성에 방해를 하거나 소통에 문제를 일으킨다면 신념을 타인에게 유연하게 적용하면 된다. 그것이 훌륭한 소통자가 되는 지름길이다.

────── **잘못된 가치관은 세상을 왜곡시킨다**

'가치관'이란 무엇이 그래야 한다고 판단하는 것이다. 가치관은 옳고 그르고 좋고 나쁜 것에 대한 신념 중 하나로, 나의 삶을 더 좋게 하거나 나쁘게 하는 경험을 만들고 안내하는 원리이다. 마치 나의 뇌 속에 지도를 그린 것처럼 나의 모습을 있는 그대로 보여준다. 이처럼 가치관은 우리가 살아가는 이유를 알려주고 성격의 뿌리가 되며, 우리의 행동을 실질적으로 움직이는 토대라고 할 수 있다.

사람들은 자신의 신념과 가치관으로 자신이 사는 세상을 일반화시킨다. 하지만 일반화시킨다는 것 자체가 왜곡이다. 살아가면서 어떤 문제가 생겼을 때 그 문제를 해결하기 위해 속을 파헤치다 보면 결국 내 안에 자리잡고 있던 잘못된 신념과 가치관을 쉽게 발견할 수 있다. 예를 들어 자신이 하는 일이 가장 중요하다는 신념과 가치관을 가진 사람은 워커홀릭이 되는 것이다. 반면 가족과의 관계가 가장 중요한 사람은 일과 삶의 균형(Work and Life Balance)을 지키려고 노력할 것이다. 돈이나 성공이 가장 중요한 사람은 사업을 하거나 돈을 모으는 일에 집중할 것이다. 이처럼 사람들은 가치가 있는 것을 향해 움직이고 가치가 없는 것은 버리며, 자신에게 중요한 가치에 모든 에너지를 쏟아 붓는다.

> 신념과 가치관은 수단일 뿐이다. 우리가 선택할 수 있는 것이기 때문에 바꿀 수 있다. 신념과 가치관을 바꾸면 나의 능력을 다양하게 쓸 수 있다.

결국 신념과 가치관은 수단일 뿐이다. 우리가 선택할 수 있는 것이기 때문에 변화할 수 있다. 신념과 가치관을 변화하면 나의 능력을 다양하게 쓸 수 있다. 반면 신념을 변화하려 하지 않는 사람들은 제한된 영역에서 살아야 하며, 또 이들은 사람들과 소통을 하는 상황에서 문제를 쉽게 일으킨다. 자신이 변하지 않는 이상 세상도 변하지 않기 때문이다. 따라서 타인과 원활하게 연결되고 소통이 잘된다는 것은 나의 신념과 가치관에 변화가 일어난다는 의미이다.

─────── 훌륭한 소통은 신념과 가치관의 변화 속에서 이루어진다

지금 상사와 소통이 되지 않는가? 동료들과 소통이 어려운가? 그렇다면 무엇이 자신을 불통으로 만들었는지 스스로를 돌아봐야 한다. 나의 신념과 가치관이 그들과의 관계를 어렵게 만들지 않았는지 살펴보고, 나의 작은 신념이 내 삶의 행동들을 방해한다면 변화하려고 노력해야 한다.

'나는 출근할 때 1분이라도 늦게 오는 직원은 주인의식이 없고 책임감이 없다고 생각하는 사람이기 때문에 절대로 좋은 평가를 줄 수 없다'라는 작은 신념을 가진 팀장이 있다. '지각을 하는 것은 최고의 불성실함이다'라고 생각하는 팀장이다. 작년에 성과가 가장 좋았던 오 대리는 이번 평가에서 B를 받았는데, 팀장과의 면담과정에서 납득할 수 없는 말을 들었다. 성과는 좋았지만 연간 5번이나 지각을 했기 때문에 출근 태도를 문제 삼아 좋은 평가를 줄 수 없었다는 것이다. 지각이라고 해봐야 매번 겨우 10분 남짓인데 그것 때문에 한 해 동안 열심히 일한 탁월한 성과가 묻힐 수 있는 것인가? 다른 동료들조차 억울하다고 생각했다. 그러나 '지각을 하는 것은 태

도에 문제가 있는 것이기 때문에 최고의 불성실함이다'라는 팀장의 신념이 변하지 않는 한 오 대리의 평가결과는 바뀔 가능성이 별로 없다.

인사평가에는 다양한 평가항목이 있고 여러 요소를 고려해 종합적인 평가를 내려야 하기 때문에 지각과 같은 근무태도가 차지하는 비중을 고려할 때 B라는 평가는 조금 가혹하다고 생각할 수 있다.

하지만 만약 오 대리가 팀장의 신념을 미리 알았다면 어땠을까? 최대한 지각을 하지 않았을 것이다. 여기에서 중요한 것은 상대방의 신념이 무엇인지 미리 파악하는 것이다. 함께 일하면서 상대방을 관찰해 작은 신념들을 파악할 수 있다면 이런 나쁜 상황은 벌어지지 않았을 것이다. 작은 신념을 변화시키는 것은 누구나 가능하다. 팀장 입장에서도 자신의 신념이 너무 편향적이라는 피드백을 받는다면 유연하게 변화할 필요가 있다. 구성원이 지각하는 것은 너무 싫지만 다른 부분에서 탁월한 성과를 냈기 때문에 평가는 공정하게 하고 태도에 대해서는 주기적으로 코칭하면서 변화를 줄 수 있는 것이다.

이처럼 서로의 신념을 알려고 노력하고 그 부분에 맞춰 관계를 맺고 소통한다면 갈등은 많이 줄어들 것이다. 그러나 사람들은 자신의 신념만 내세우고 타인을 이해하려고 하지 않기 때문에 서로를 비난하고 갈등은 커지게 된다. 개인에게 있는 수많은 작은 신념들을 이해하려는 노력이 좋은 관계를 만드는 시작이 될 것이다.

원활한 소통을 위한 개인적·실용적 욕구

우리는 소통을 할 때 개인적인 욕구(Personal needs)와 실용적인 욕구(Practical needs)를 원하는데, 2가지 욕구를 충족시켰을 때 원활한 소통을 했다고 느낀다.

─────── 소통의 개인적인 욕구

1) 내가 존중받고 인정받고 있다고 느끼는 것이다

대화를 할 때 사람들은 자신이 하는 말을 존중하고 인정해 주기를 원한다. 내가 무슨 이야기를 했는데 무시당하거나 업신여긴다고 느끼면 이미 그 시점에서 소통은 끝난 것이다. 기본적으로 우리는 나의 말을 존중하고 인정하는 자세를 지닌 사람들을 좋아한다.

2) 내 말을 잘 들어주는 것이다

내가 말을 하고 있는데 제대로 듣지 않고 딴생각을 하거나 다른 행동을 하고 있다면 더 이상 말을 하고 싶지 않다. 나의 말을 제대로 들어주고 필요한 내용에 대해 피드백해 주는 사람들을 좋아하는 것은 당연한 것이다.

3) 내가 대화에 참여하는 것이다

소통에 있어 일방적인 것은 없다. 한 사람이 일방적으로 말하고 상대방이 들어주는 대화는 제대로 된 소통이 아니다. 물론 상황에 따라 한 사람이 끝까지 경청해 줘야 하는 상황도 있을 수 있겠지만 기본적으로 소통은 쌍방향이다. 한 사람이 이야기하면 다른 사람도 일정 정도의 응답을 해줘야 한다. 만약 비즈니스 상황에서 미팅을 하거나 회의를 할 때 내가 대화에서 소외되고 단 한마디도 못한 채 끝나면 허탈감을 느끼게 된다.

─────── 소통의 실용적인 욕구

1) 주제를 벗어나지 않는 것이다

조직에서 우리 팀과 다른 팀이 사업적인 이슈를 가지고 대화를 하는데 갑자기 누군가가 다른 주제를 이야기한다면 모두가 불편할 것이다. 예를 들어 지난 주말에 가족여행을 간 이야기를 하거나 새로 산 휴대폰의 기능을 이야기하는 등 사적인 대화를 하는 것은 제대로 된 소통이 아니다. 조직에서 비즈니스 문제로 만났을 때는 서로 정한 주제와 이슈에 대해서만 이야기를 하는 것이 중요하다.

2) 좋은 결과를 도출하는 것이다

미팅이나 회의를 2시간이나 진행했는데 결론이 나지 않거나 모호한 결과가 나온다면 모두가 힘이 들 것이다. 물론 매우 어렵고 복잡한 문제는 합리적인 결론에 이르기까지 시간이 오래 걸릴 수도 있겠지만 독단적인 주장을 하거나 제대로 듣지 않았기 때문에 결과가 나오지 않는 경우가 대부분이다. 미팅이나 회의를 하는 것은 끝날 때 바람직한 결과를 만들어 내는 일련의 과정이다. 기대했던 결과가 나오지 않거나 결론이 나지 않은 채 미팅이 종료된다면 이것은 소통이 제대로 되지 않은 것이다.

3) 효과적으로 정보를 교환하는 것이다

소통을 하게 되면 정보가 교환된다. 내가 알고 있는 지식이 전달되고 상대방의 지식과 정보가 나에게 온다. 그런데 정작 우리에게 필요한 지식이나 정보가 아닌 쓸모 없는 정보만 얻었다면 이것은 온전한 소통이 아니다. 사람들은 타인과 소통을 할 때 자신에게 이로운 결론을 기대하게 된다.

사람들은 이러한 개인적·실용적 필요에 따라 그들의 욕구를 충족시켜야 제대로 된 소통을 하고 있다고 생각한다.

PART
2

경청

듣는 것이
전부다

경청

세대
공감

라포

공감

소통

피드

말하기

질문

성격

갈등
관리

상대방을 이해하고 감정과 본심까지 헤
아려 주는 마음이 진정한 들어주기인 '경청'이다. 때로는 별다른
피드백 없이 제대로 공감하고 들어주는 것만으로도 모든 문제가
해결되기도 한다. 그만큼 제대로 된 경청은 마음의 문을 열어준다.
사람들은 상대방의 이야기는 듣지 않은 채 자신의 말만 하려고
한다. 답을 정해 놓고 말을 하는 '답정너'를 최악의 소통자로 생각
하는 것은 어제오늘의 일이 아니다. 사람들은 끝까지 들어주는 것
이 시간이 많이 걸린다고 생각하지만 그것은 오해다. 상대방의 말
에 공감하면서 충분히 들어주게 되면 무엇을 해야 할지에 대한
솔루션이 저절로 나온다. 입은 닫고 귀는 열어라. 상대방의 마음
의 문이 활짝 열릴 것이다.

감정과 본심까지 읽는 것이 경청이다

    교육 현장에서 소통을 잘하는 사람들과 못하는 사람들의 특징을 질문해 보면 소통을 잘하는 사람의 특징 1위는 경청이었고, 소통을 못하는 사람의 특징 1위도 경청이었다. 이처럼 사람들은 '경청'이 중요하다는 것을 잘 알면서도 경청을 잘하지 못한다. 왜 그럴까? 사람들은 기본적으로 말하는 것은 편하게 느끼지만 듣는 것은 어렵다고 느끼기 때문이다.

    직장인을 대상으로 설문조사를 한 결과 10명 중 9명은 소통에 어려움을 겪고 있다고 답했다. 특히 그중에서도 '잘 듣는 것'이 어렵다는 대답이 가장 많았다. 일반적으로 우리는 듣는 것이 매우 쉬울 거라고 생각하지만 실제 사람들은 타인과의 소통에서 제대로 듣는 것이 매우 어렵다는 데 한 표를 던진 것이다.

    그런데 돌아보면 예전부터 제대로 듣기가 매우 어렵다는 것이 많은 학자들을 통해 확인된다. 그리스 철학자 제논은 "신은 인간에게 두 개의 귀와 하나의 혀를 주셨다. 인간은 말하는 것의 두 배만큼 들을 의무가 있다."고 말했다. 귀가 2개인 것이 두 배 더 들으라는 것과 연결되니 한결 설득력이 높아진다. 또 시카고대학교 심리학과 토마스 고든 교수는 "경청은 감정을 정화한다. 경청은 상대로 하여금 자신의 감정을 정확하게 표현할 수 있게 돕는다. 사람은 자신의 감정을 표현하고 난 후 마술처럼 그 감정이 거의 사라져 버린 것 같아 보일 때가 종종 있다."고 말했다. 제대로 듣는다는 것은 상대방의 감정을 조절할 수 있고, 자연스럽게 자신의 감정을 정화시키는 놀라운 결과를 만들어 낸다는 것이다.

사람들은 서로 대화를 할 때 말만 주고받는 것이 아니라 말에 포함된 감정까지 주고받는다. 그래서 같은 말이라도 어떤 감정을 가지고 말하느냐에 따라 반응은 달라지게 된다. 경청은 결국 말 속에 들어 있는 감정과 감정 속에 숨어 있는 본심을 알아주는 것이다. 이것이 진정한 '공감적 경청'이다.

분노의 감정에 복받쳐 있는 상황에서 친구와 만났을 때 혼자 1시간 동안 자신이 겪은 힘든 일들을 모두 이야기하고 난 후 스스로 감정의 소용돌이에서 빠져나오는 경우가 있다. 상대방에게 말을 한다고 해서 모든 문제가 해결되는 것은 아니지만 말을 하면서 자신의 감정을 조절하게 되고, 생각만 했을 때는 화가 났던 모든 상황들이 저절로 해소되기 때문이다. 물론 이때 들어주는 사람은 최대한 그 사람의 입장에 공감하면서 경청을 해야 한다. 그런 상황이 일어날

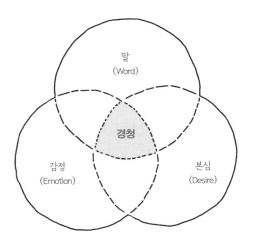

때 비로소 진정한 감정의 치유가 일어난다.

─────── 감정과 이성의 균형

　사람들은 평소에 감정과 이성을 비슷하게 가지고 있다. 그런데 어떤 상황이 발생하여 화가 나면 감정이 이성을 밀어 올려 이성은 줄어들고 감정이 사고의 대부분을 차지해 버린다. 이럴 때 균형을 회복하기 위해서는 감정에 사로잡힌 사람들의 이야기를 경청해 주고, 그들의 감정을 읽어주면 상대방은 이해받고 있다고 느끼게 된다. 그래서 다시 감정과 이성이 균형을 맞추게 된다. 다음의 사례를 보자.

　"지난주에 남자친구와 헤어졌어요. 헤어지지 않았으면 이번 발렌타인데이에 초콜릿도 주고 같이 즐거운 시간을 보냈을 텐데요."

- 감정 : 아쉬움, 외로움, 그리움, 서글픔
- 반응 : "남자친구를 아직도 그리워하고 있나 봐요."

"김 대리, 김 대리 때문에 나 지금 너무 당황스러워요. 이렇게 날짜를 어겨서 보고하면 어떻게 합니까?"
- 감정 : 화가 남, 좌절감, 분노
- 반응 : "팀장님, 저 때문에 화가 많이 나셨군요. 제가 날짜를 지키지 못해 죄송합니다. 다음부터는 절대로 이런 일이 없도록 노력하겠습니다."

이렇게 상대방의 감정을 읽은 후 반응을 하면 상대방은 처음에는 화가 나서 짜증을 부리다가도 본인의 감정을 읽어줬기 때문에 다시 이성과 감정이 균형을 맞추어 정상적으로 이야기하게 된다. 제대로 들어준다는 것은 이렇게 감정을 이해해 주는 것이다. 감정은 사람의 삶을 관통한다. 사실 별거 아닌 일도 감정 때문에 성공하기도 하고 망치기도 한다. 결국 상대방의 감정을 정확히 읽어 본심을 알아내는 것이 경청을 잘하는 사람의 모습인 것이다.

─────── **감정을 읽고 본심을 알아주는 경청**

경청은 '기울 경(傾)' '들을 청(聽)' 자를 쓴다. '기울 경(傾)'은 '사람 인(人)'과 '비수 비(匕)' '머리 혈(頁)'로 구성되어 있다. 사람의 말이 비수처럼 빨리 지나가니 머리를 기울여서 들으라는 의미다. '들을

傾聽

기울 경   들을 청

청(聽)'은 '귀 이(耳)' '눈 목(目)' '마음 심(心)'으로 구성되어 있다. 귀와 눈과 마음으로 들으라는 의미다. 상대방에게 겸손한 자세로 눈을 보면서 귀로 듣고 마음으로는 진심으로 공감하는 것, 이것이 경청의 참의미이다.

'듣는다'는 것은 일반적으로 상대방의 말을 나의 입장에서 듣는 것이다. 그런데 이렇게 나의 입장에서 듣게 되면 상대방이 전하려는 의도가 왜곡될 수 있다. 이에 반해 '경청'은 상대방이 말하는 것과 느끼는 것을 실제로 이해하는 것이다. 따라서 상대방이 무슨 말을 하려고 하는지, 그 말의 의도까지 들어주면 최고의 경청이라고 할 수 있다. 상대방이 말한 의도와 그 안에 숨어 있는 본심까지 파악하려는 듣기가 진정한 공감적 경청인 것이다. 그래서 흔히 공감적 경청을 잘하면 타인의 마음을 잘 열 수 있다고 말한다. 자신이 말하면서 스스로 자신의 마음을 오픈하기 때문에 무조건 들어주는 것만으로도 그 사람의 마음을 열 수 있는 것이다.

셀프 진단을 통해 나의 경청 지수를 체크해 보자. 29점 이하가 나왔다면 경청을 못하는 수준이다. 36점 이상이 나왔다면 잘하고 있는 것이다. 내가 어느 정도의 경청 수준에 있는지 확인하고, 29점 이하로 나온 사람들은 문항을 세부적으로 확인하면서 경청을 못하는 이유에 대해 성찰해 보는 것이 필요하다.

	문항	거의 항상 그렇다	대개 그렇다	그렇지 않은 편이다	절대 그렇지 않다
1	나는 반응하기 전에 상대방의 말을 끝까지 듣는다.	4	3	2	1
2	나는 상대가 주저할 때 말하고자 하는 것을 말할 수 있도록 독려하고 격려한다.	4	3	2	1
3	나는 판단하기에 앞서 상대방이 생각을 말할 때까지 기다린다.	4	3	2	1
4	나는 상대방이 마음에 들지 않아도 판단하지 않고 이야기를 듣는다.	4	3	2	1
5	나는 상대방이 말하는 방식(말투, 문법/단어 선택)에 관계없이 주의깊게 듣는다.	4	3	2	1
6	나는 하던 일을 멈추고 완전히 집중해서 상대방의 이야기를 듣는다.	4	3	2	1
7	나는 상대방이 말할 때 어떤 반응을 할까 생각하지 않으면서 집중해 듣는다.	4	3	2	1
8	나는 상대방의 이야기를 완전히 이해했는지 확인하기 위해 질문하며 듣는다.	4	3	2	1
9	나는 상대방의 이야기를 잘 이해했는지 확인하기 위해 이해한 바를 말로 표현한다.	4	3	2	1
10	나는 상대방의 감정이 어떤지 귀 기울인다.	4	3	2	1
	총점수				

점수 결과

[출처 : hma.co.nz]

36~40 = Excellent / 30~35 = Good / 12~29 = Bad / 0~25 = Very bad

경청이 어려운 이유

소통을 할 때 가장 어려운 것이 경청이다. 그냥 말을 듣는 것은 쉬울지 모르지만 누군가의 말을 제대로 들어주는 것은 많은 에너지가 소비되는 행위이다. 그렇기 때문에 사람들은 생각과는 다르게 잘 들어주지 못하거나 들어주는 척하면서 제대로 듣지 못하는 것이다. 경청이 어려운 이유에 대해 살펴보자.

──────── 경청이 어려운 6가지 이유

1) 사람들마다 멘탈모델이 다르기 때문이다

사람들은 모두 인식구조가 다르다. 그래서 같은 말을 들어도 개인이 가진 지식·경험·의도·정보 등에 따라 다르게 듣는다. 이것을 멘탈모델(mental model)이라고 하는데, 멘탈모델은 어떤 사실이나 현상에 대해 각자 가지고 있는 가치관·신념 등의 체계라고 할 수 있다. 결국 멘탈모델이 다르기 때문에 같은 말을 들어도 다르게 이해하는 것이다.

> **경청이 어려운 6가지 이유**
> 1) 사람들마다 멘탈모델이 다르다
> 2) 상대방이 말하는 중에 자신이 할 이야기를 생각한다
> 3) 감정적 동요와 판단을 한다
> 4) 상대방이 말할 때 다른 생각을 한다
> 5) 몸이 피곤하면 경청이 어렵다
> 6) 듣기 훈련이 부족하다

그래서 우리는 동의하지 않더라도 상대방의 말을 인정해 주는 것이 필요하다. 교육학의 대가 로저스 박사는 "어떤 사람의 관점을 동의하거나 지지하지 않는 경우에도 그 관점을 수용하고 이해할 수는 있다."고 말한다. 나의 멘탈모델의 기준에서는 상대방의 말에 전혀 동의하거나 지지할 수 없다 하더라도 경청을 통해 상대방의 관점을 수용하는 것이다. 내가 동의할 수 없어도 그 사람을 전적으로 이해하려고 노력하는 것은 결국 각자 다른 멘탈모델을 이해하고 수용한다는 의미이다. 각자 살아오면서 생기는 신념·가치관·경험 등이 내 입장에서는 이해할 수 없더라도 다름을 인정하는 태도가 중요하다. 이것을 인정하지 않으면 제대로 경청할 수 없다.

2) 상대방이 말하는 중에 자신이 할 이야기를 생각하기 때문이다

사람들은 대화를 할 때 상대방이 말하는 것을 듣는 동시에 나는 무슨 말을 할까를 생각한다. 상대방의 이야기를 제대로 듣고 말을 이어가야 하는데 자신이 말할 내용을 고민하느라 상대방의 이야기를 제대로 듣지 못하는 것이다. 또한 상대방의 질문에 어떻게 대답할지

생각하다 보면 메시지에 집중하지 못하기도 한다. 특히 여러 명이 회의를 할 때 그런 현상이 두드러지는데, 회의를 하다 보면 사람들은 다른 사람의 말에 귀 기울이지 않고 본인이 어떤 이야기를 할지에만 집중하게 된다. 그래서 회의가 끝난 후 결정한 내용에 대해 인지하지 못하고 다시 물어보는 상황이 발생하기도 한다.

3) 감정적 동요와 판단 때문이다

대화를 하다 껄끄러운 말에 자극받아 감정이 동요되고, 옳고 그름가 많다. 감정이 상하기 시작하면 귀가 닫히고 마음은 혼란스러워진다. 당연히 경청은 멈추게 된다.

4) 상대방이 말할 때 다른 생각을 하기 때문이다

상대방의 이야기가 중요하다고 생각되지 않으면 다른 생각을 하기도 한다. 상대방이 이야기하는 것에 관심을 가지고 있어야 집중해서 경청할 수 있다.

5) 피곤하거나 에너지가 약해졌기 때문이다

몸이 아프거나 피로가 누적된 상황에서는 에너지가 떨어져 상대방의 말에 집중하기 어렵다. 이런 상황에서 중요한 회의가 잡혔다면 일정을 좀 미루어 몸 상태가 좋을 때 하는 것이 현명한 방법이다.

6) 듣기 훈련이 부족하기 때문이다

대부분의 소통 스킬은 주로 말하기 훈련에만 집중되어 있다. 프레젠테이션, 스피치 같은 말하기 교육은 많지만, 듣기에 대한 교육과 훈련은 거의 없다. 하지만 현장에서는 듣는 것에 더 많은 에너지와 집중력이 요구되기 때문에 듣기 연습을 많이 해야 한다.

───────── 경청을 방해하는 행동

경청을 방해하는 구체적인 행동들이 있다. 스스로를 돌아보면서 나는 어떤 상황에서 경청을 방해하는지 YES와 NO로 체크해 보자.

경청을 방해하는 행동	확인
• 나는 상대방이 말을 하는 동안 다음에 말할 것을 생각한다.	
• 나는 들을 때 정보를 구하기 전에 이야기의 결론을 낸다.	
• 나는 들을 때 상대방에 대해 방어적이다.	
• 나는 들을 때 당초 상대방이 말하고자 하는 주제를 변경한다.	
• 나는 들을 때 오래 듣는 것에 대해 짜증이 난다.	
• 나는 들을 때 상대방의 말을 내가 정리하여 마무리한다.	
• 나는 들을 때 어떠한 반응도 하지 않는다.	
• 나는 들을 때 나 자신의 결론에 빨리 도달하고자 한다.	
• 나는 들을 때 온전히 집중을 못한다.	
• 나는 들을 때 상대방의 말에 간간히 간섭한다.	

10개 문항에서 YES가 5개 이상이면 나쁜 경청을 하고 있는 것이다. 만약 7개 이상이면 상태가 심각하다. 10개 항목에 모두 NO라고 말할 수 있다면 최고의 공감적 경청자이다.

경청에 대해 잘못 알고 있는 것들

많은 사람들이 경청을 어려워한다. 이론은 쉬워도 실제로 현장에서 실행하기 어려운 것이 경청이라고 말한다. 하지만 이는 우리가 경청에 대해 잘못 알고 있기 때문이다. 경청에 대한 사람들의 오해를 알아보자.

———— 경청을 하려면 시간이 오래 걸린다

경청을 하면 시간이 오래 걸린다고 생각하는 사람들이 있다. 물론 끝까지 들어주는 것이 중간에 말을 끊는 것보다는 시간이 더 걸릴 수 있다. 그러나 끝까지 제대로 들어주는 것이 중간에 말을 끊거나 자신이 먼저 말을 해서 발생할 수 있는 문제보다 적기 때문에 총 대화시간은 오히려 줄어든다. 마음의 여유를 가지고 상대방의 말을 끝까지 들어주는 것만으로도 문제의 절반 이상은 쉽게 풀릴 수 있다.

조직에서 일을 할 때는 시간과의 전쟁이다. 바쁜 일과 중에 한가하게 이야기를 주고받을 시간이 어디 있겠는가? 그래서 상사들은 이야기를 듣다가 "됐고" 하면서 말을 끊으며 자신이 하고자 하는 말을 먼저 한다. 상사의 입장에

> **경청에 대한 오해**
> 1) 경청을 하려면 시간이 오래 걸린다
> 2) 시간이 없을 때는 내가 설명하는 것이 더 효과적이다
> 3) 경청을 하면 상대방의 요구를 다 들어줘야 한다
> 4) 듣고 나서 들어주지 못하는 것보다 중간에 끊는 것이 더 좋다

서는 지루하게 듣고 있는 것보다 내가 설명하는 것이 더 빠르고 나을 것이라 생각하기 때문이다. 그러나 그것은 잘못된 판단이다. 경청은 상대방의 입장에서 듣는 것이라고 했다. 그런데 상대방의 말을 다 들어 보지도 않고 내가 설명하려고 하면 오류가 생기거나 전달의 누락이 발생할 가능성이 높다. 특히 상사라 해도 본인이 담당자가 아니라면 피상적인 내용만 알고 있을 수도 있다. 그렇기 때문에 시간이 없더라도 상대방의 말을 끝까지 들어주는 인내가 필요하다.

─────── 경청을 하면 상대방의 요구를 다 들어줘야 한다

경청을 했다고 해서 상대방의 요구를 다 들어준다면 누가 경청을 하려 하겠는가? 충분히 경청을 하고 난 후에 그것이 합당하고 논리적인 요구여야 들어줄 것이다. 그리고 그 요구가 합당하지 않다면 오히려 들어주지 못하는 정확한 이유를 제시할 수 있다. 그래서 끝까지 들어봐야 한다.

상사와 후배직원 간에 자주 발생하는 상황이다. 상사의 입장에서 이야기를 듣다 보니 우리의 상황에 맞지 않거나 부담스러운 요구라면 들어줄 수 없다. 그래서 어차피 무리한 요구는 들어줄 수 없으니 중간에 "우리 회사에서는 그런 일을 할 수 없어" "회사의 문화를 아직도 몰라"라는 식으로 말문을 막아 버린다. 그러나 이것은 옳지 않다. 설령 나와 생각이 다를지라도 상대방의 이야기를 끝까지 듣고, 그것이 왜 안 되는지에 대해 논리적으로 이야기해 줘야 한다. 그래야 상대방이 납득을 하고 이해하게 된다.

사람들은 각자 다양한 방식으로 자신만의 스타일에 맞게 말을 한다. 그래서 똑같은 말을 하더라도 듣는 사람에 따라 다르게 해석되는 경우도 있다. 이 경우 제대로 듣는 경청은 말하는 사람이 어떤 의도를 가지고 그런 말을 했는지 잘 분석하고, 다양한 비언어적인 요소까지도 포착하여 그 의미를 알아차리는 것이다. 이것이 진정한 공감적 경청이다.

경청의 수준과 공감적 경청의 프로세스

경청에도 단계가 있다. 경청의 5단계를 살펴보고, 나는 지금 어떤 경청의 단계에 있는지 확인해 보자.

1단계) 배우자 경청(무시하기)

상대방이 하는 이야기를 무시하는 경우로, 나에게 전달되는 내용이 거의 없다. 보통 배우자 간에 대화를 할 때 다른 일을 하면서 건성으로 듣거나 "이따가 말해"라는 식으로 말을 가로막는 경우가 많은데, 이처럼 상대방의 말을 일방적으로 무시하고 함부로 하는 것이 경청의 가장 낮은 단계인 배우자 경청 단계이다.

경청의 5단계
1단계) 배우자 경청
2단계) 수동적 경청
3단계) 선택적 경청
4단계) 적극적 경청
5단계) 공감적 경청

2단계) 수동적 경청(듣는 척하기)

상대방의 이야기를 외형적으로는 듣는 척하지만 실제로는 다른 생각을 하고 있는 상태이다. 듣는 사람이 자신이 할 이야기에만 집중하기 때문에 상대방이 말한 내용이 제대로 전달되지 않는다. 보통 이 경우 "뭐라고?" "어디까지 말했어?"라며 산만한 태도를 보인다. 수동적 경청은 결국 상대방의 말을 듣지 않겠다는 의지를 가지고 있는 셈이다.

3단계) 선택적 경청(듣고 싶은 것만 듣기)

듣는 사람은 이야기를 듣고 있지만 메시지 전체에 집중하기보다 자신이 듣고 싶은 내용만 선택적으로 듣는 상황이다. 주로 회의를 할 때 선택적 경청이 자주 발생한다. 자신에게 필요한 내용만 듣고 나머지는 필요없다고 생각하여 다른 생각을 하거나 스마트폰을 보는 등 다른 행동을 한다.

4단계) 적극적 경청(귀 기울여 듣기)

말하는 사람이 어떤 이야기를 하는지 말의 내용에 집중하면서 듣는 경우이다. 눈을 맞추고 고개를 끄덕이고 추임새까지 넣으며 듣는 경청이다. 이 정도 수준이면 꽤 괜찮은 경청이다

5단계) 공감적 경청(맥락적 경청)

지금은 고인이 된 세계적인 리더십 학자 스티븐 코비는 "경청의 최고 단계는 공감적 경청"이라고 말했다. 우리가 원하는 최고의 경청자는 공감적 경청자이다. 상대방이 말한 내용의 의미를 추측하고, 들은 내용을 말한 사람에게 확인하면서 말에 숨어 있는 의도와 욕구, 감정까지 확인하면서 듣는 것이 진정한 경청이다.

'말하지 않아도 알아요~'와 같이 맥락까지 이해하면서, 말하는 사람의 의도와 감정, 배경까지 헤아리면서 듣는 경청이다. 일명 고수의 경청이라고 할 수 있다.

경청의 수준과 주요 행동

구분	수준	행동
배우자 경청	0%	전혀 들으려고 노력하지 않는다.
수동적 경청	10%	타인의 말을 듣는 시늉만 한다.
선택적 경청	30%	나에게 흥미 있는 부분에만 귀를 기울인다.
적극적 경청	50~60%	타인이 무엇을 말하는지 관심을 기울이고 집중하려고 노력한다.
공감적 경청	90~100%	상대방의 말, 태도, 감정을 진심으로 듣고, 이해하기 위해 노력한다. (비언어 커뮤니케이션을 잘 확인한다. 미소, 끄덕끄덕, 맞장구, 눈맞춤 등)

──────── 제대로 경청하는 5단계 프로세스

내가 지금 어느 단계의 경청 수준인지 확인했다면 더 나은 공감적 경청을 할 수 있도록 5단계 프로세스에 맞춰보자.

1단계) 제대로 듣기

상대방이 무엇을 말하는지 소리로써 제대로 듣는 것이다. 귀로 듣고 제대로 내용을 파악한다.

2단계) 비언어적으로 듣기

상대방의 이야기를 들으면서 표정과 목소리 등 몸짓이나 오감을 활용해 상대방의 감정을 파악한다. 비언어를 관심있게 살펴보면 표정이나 몸짓, 행동만 봐도 어떤 감정인지 파악할 수 있다.

3단계) 마음으로 듣기

상대방이 이야기한 내용 중에서 그가 말하려는 의도, 그 안에 어떤 니즈와 욕구가 있는지 파악한다. 마음속에 있는 상대방의 진짜 욕구를 파악하는 것이다.

4단계) 기억해 말해보기

상대방이 이야기한 것을 내가 이해한 만큼 정리해서 다시 말할 수 있어야 한다. 대화가 끝난 후 정리한 말이 맞는지 아닌지 상대방에게 확인해 보자.

5단계) 감사함으로 마무리하기

대화가 끝났을 때는 반드시 상대방에게 감사함을 표시해야 한다. '이렇게 이야기해 줘서 감사하다' '보고를 잘해 줘서 감사하다' 등 자신에게 이야기한 것에 대한 감사 표현은 최고의 마무리 경청이다.

개인이나 조직 모두에게 있어 경청은 매우 중요하다. 잘 들어주는 것만으로도 많은 문제들이 해결될 수 있기 때문이다. 특히 조직에서 경청의 효과는 상대방이 존중받고 있다고 느끼기 때문에 신뢰가 높아진다. 잘 듣다 보면 커뮤니케이션의 불일치에서 오는 실수가 줄어들 수도 있다. 정보의 교환이 원활하게 이루어지기 때문에 팀워크도 향상되고, 결국 구성원의 사기 증대와 함께 성과를 낼 수 있다. 따라서 구성원들이 서로 존중하며 잘 들어주면 소통이 극대화되면서 성과는 당연히 따라올 것이다.

공감

타인의 입장이
되어 보는 것

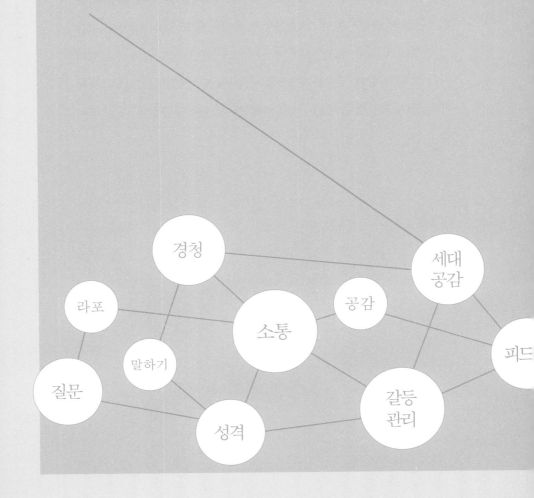

경청

세대
공감

라포

공감

소통

말하기

피드

질문

성격

갈등
관리

공감은 철저하게 상대방의 입장이 되어
보는 것이다. 내가 아닌 타인의 생각으로 들어가 그 사람이 정말
원하는 것이 무엇인지, 진정 필요로 하는 것이 무엇인지 파악하
고, 그것을 이해해 주는 것이 공감이다.
사람들은 누구나 자신의 이야기를 들어주고 공감해 주면 친밀감
을 느낀다. 누군가 나를 지지해 주는 느낌을 가지게 되면 마음이
편안해지고 의지하게 된다. 사람과의 관계는 이렇게 상호공감 속
에서 성숙해진다. 사람들에게 지지를 받고 인정을 받는 대부분의
사람들은 공감능력이 뛰어난 사람이라는 것을 명심해야 한다.

공감은 상대방의 입장이 되어 보는 것이다

비폭력대화(NVC)의 마샬 로젠버그는 상대방과 소통을 잘하는 방법은 결국 타인과 얼마나 공감을 잘할 수 있느냐에 달려있다며, "공감(Empathy)이란 다른 사람의 경험을 존중하고 마음으로 이해하는 것이다. 우리는 공감을 하기보다 충고하거나 안심시키려 하고 자기 자신의 입장이나 느낌을 설명하려는 경우가 많다. 그러나 공감은 자신의 마음을 비우고 다른 사람에게 귀 기울이는 것이다."라고 말한다.

장자 역시 이미 2300년 전에 "진정한 공감이란 마음을 비우고 자신의 존재 전체로 상대의 말을 듣는 것이다."라고 말했다.

이처럼 공감은 타인에 대한 나의 생각이나 선입견을 내려놓는 작업이다. 내 생각을 버리고 타인의 생각을 들어주려는 자세, 최대한 나와 상대방을 연결하려는 마음인 것이다. 상대가 이야기하는 것을 듣고, 그 내면에 있는 본심을 알아내어 나와 상대방이 연결되면 공감은 저절로 이루어진다.

공감의 의미

공감의 사전적 의미는 '남의 감정, 의견, 주장 따위에 대해 자기도 그렇다고 느끼는 것'이다. 공감의 의미를 심리학적으로 조금 더 깊이 들어가 보면 '상대방의 입장에서 상대방의 세계를 지각하고 있음을 보여주는 의사소통 상태'이다. 그러나 상대방의 입장일 뿐, 실제 그 사람이 되는 것은 아니다. 공감은 상대방의 준거 틀에 들어가 역지사지로 생각하는 것이지, 그 사람에게 반드시 동조하는 것은 아니라는 것이다.

이처럼 공감은 상대방의 입장에서 충분히 생각해 주는 것이지, 동의하는 것은 아니다. 때로는 상대방이 공감의 의미를 오해하는 경우도 있다. 내 말에 공감했으면 동의한 게 아니냐고 말할 수 있지만, 그것은 공감의 의미를 잘못 알고 있는 것이다. 그런 사람들에게는 공감의 의미를 정확하게 설명해 줘야 한다.

예를 들어 A와 B가 대화를 할 때 A가 B의 말을 충분히 들어주고 공감해 준다. 그런데 A는 B와 다른 생각을 가지고 있다. 공감은 그래도 끝까지 들어주는 것이다. 생각은 다르지만 B를 존중하고 배려하는 마음

> 공감의 사전적 의미는 '남의 감정, 의견, 주장 따위에 대해 자기도 그렇다고 느끼는 것'이다. 하지만 공감은 상대방의 입장에서 충분히 생각해 주는 것이지, 그 사람의 의견에 반드시 동의하는 것은 아니다.

으로 공감해 주는 것이다. 하지만 B의 말이 끝나면 이렇게 말해줘야 한다. "제가 당신의 입장은 충분히 이해하고 공감하지만 저의 생각은 좀 다릅니다. 이제 제 생각을 이야기해도 될까요?" 이렇게 말하면 생각이 다름에도 끝까지 경청해 준 배려심에 B는 A에게 오히려 감사한 마음을 가지게 된다. 이것이 공감대화다.

공감의 6가지 전제조건

공감에는 상황에 따른 전제조건이 필요한데, 마셜 로젠버그는 공감의 6가지 전제조건을 제시했다. 잘 살펴보고 나는 지금까지 어떻게 해왔는지 성찰해 보는 것도 좋은 학습이 될 것이다.

——— 공감은 항상 현재에서 일어난다

공감은 지금 서로가 함께 있는 상황에서 일어나는 현재진행형이다. 과거나 미래에 일어나는 게 아니라 지금 대화하고 있는 이 시간, 지금이 바로 우리가 서로 공감할 수 있는 상황이다.

——— 공감은 말 뒤에 숨겨진 관찰, 느낌, 부탁에 초점을 맞춘다

일반적으로 사람들이 서로 대화를 할 때 말로 표현되어지는 피상적인 단어에 포커스를 맞추게 되는데, 사실은 그 말 뒤에 숨겨진 이면의 느낌, 나에게 요구하는 것, 부탁하는 것에 초점을 맞춰야 한다. 필요한 것을 직설적으로 이야기할 수도 있지만 대부분은 우회적으로 이야기하기 때문에 말 속에 감춰진 감정을 제대로 알아낼 수 있어야 공감을 잘할 수 있다.

──────── 상대방에게 넉넉하게 시간을 주는 것이 중요하다

대화를 할 때 사람들은 충분한 시간을 확보하지 않는다. 특히 바쁜 상사의 경우가 그러한데, 구성원들과 면담을 하면서도 막상 몇 분 후에 회의가 있고 미팅이 있어서 대화를 하다 중간에 끊어버리고 가는 경우가 많다. 하지만 대화가 중간에 끊기면 다음에 이야기할 때는 다시 처음부터 시작해야 한다. 그리고 공감대가 형성될 시간이 없었기 때문에 모든 것은 원점으로 돌아간다. 따라서 누구와 대화를 하든지 충분한 시간을 확보한 뒤에 대화를 하는 것이 중요하다.

──────── 공감이 안 될 때는 내가 더 공감이 필요한 상황일 수 있다

긴 시간을 대화했는데도 상대방의 이야기에 전혀 공감할 수 없고,

아무리 이해하려 해도 이해가 되지 않는다면 나의 에너지가 부족해 다른 사람을 공감할 여유가 없는 상황일지도 모른다. 또는 내가 공감이 필요한데 다른 사람을 공감하려고 애쓰고 있으니 전혀 이해가 되지 않는 상황일 수도 있다. 이처럼 내가 건강한 상태에 있지 못하면 상대방의 말을 제대로 들어줄 수 없다. 그런 상황이라면 시간을 미루더라도 나의 에너지를 채우고 스스로 충분히 여유가 생긴 후에 대화를 진행하는 지혜가 필요하다.

——— 공감은 말로 하는 것이 아니라 대부분 침묵 속에서 이루어진다

대화를 하다 보면 상대방의 말에 공감을 하면서도 명쾌하게 해결안을 말해 줄 수 없는 상황이 생긴다. 이처럼 애매한 상황에서 내가 꼭 어떤 말을 해줘야 한다는 부담감을 가지게 되면 오히려 쓸데없는 이야기를 하게 된다. 이럴 때는 말을 하지 않고 들어주는 것만으로도 상대방은 공감을 느낄 수 있다. 상대방은 공감의 분위기에서 스스로 문제가 해결되거나 마음의 위로를 받을 수 있다.

그런데 상사나 후배직원 간의 관계에서 상사는 후배에게 무조건 피드백을 해줘야 한다는 부담감에 시달린 나머지 하지 않아도 될 말을 해서 실수하는 경우가 많다. 만약 해결할 수 없거나 도움을 줄 수 없는 상황이라면 '당신의 상황을 이해하고 있어'라는 표정으로 진심을 담아 공감해 주면 된다. 그것만으로도 상대방은 충분히 공감의 보상을 받을 것이다.

공감은 그 사람의 생각을 온전히 들어주는 것이다. 상대방의 생각이 나의 생각과 다르더라도 끝까지 들어주는 것이다. 온전히 그 사람의 마음을 이해하려고 노력하는 것, 그 입장에서 생각해 보려고 하는 것이다. 사람들은 공감한다고 하면 자신의 생각에 동의하고 있다고 생각하는데, 그것은 공감의 의미를 잘못 이해하고 있는 것이다. 공감은 생각이 다르더라도 상대방을 존중하며 끝까지 들어주는 것이다. 그리고 말이 끝난 다음 나의 다른 생각을 이야기해 주면 된다.

공감대화를 위한 5단계 프로세스

상대방의 말에 제대로 공감한다는 것은 사실 잘 듣는 것과 연관되어 있다. 그래서 '공감적 경청'이라고 말하는 것이다. 대화를 할 때는 제대로 공감할 분위기를 만들고, 충분한 시간을 가지고 끝까지 들어줘야 한다. 대화를 끊지 않으며 상대방의 말을 있는 그대로 들어주며 내 방식대로 판단하지 않는 것이다. 온전하게 그 사람에게 집중할 때 공감은 극대화된다. 공감대화를 위한 5단계 프로세스를 이해하고 실천한다면 상대방과 훌륭한 공감대화를 할 수 있다.

1단계) 귀담아듣기

공감한다는 것은 무조건 입을 다물고 듣는 경청이다. 모든 감각기관을 총동원하여 온몸으로 듣는다. 이야기를 들을 때는 절대로 판단하지 않고 그냥 들어만 준다. '얼마나 들어야 하나요?'라고 묻는다면

최소 1분 이상은 들어야 한다. 특
히 리더들은 성격도 급하고 시간
이 없다는 핑계로 10초 이상 듣지
않는 경향이 있다. 하지만 아무리
급해도 최소 1분 이상은 듣고 나
서 이야기하는 것이 좋다.

2단계) 도중에 차단하지 않기

이야기를 듣다 보니 내가 하고 싶은 말이 생각난다. 상대방이 잘
못 이해하고 있거나 오해가 있으면 말을 자르고 바로잡고 싶다. 그
런데 그 순간에 말을 자르고 내가 이야기를 하면 안 된다. 내가 꼭
말을 해야 한다면 상대방에게 양해를 구하고 부탁을 해야 한다. "이
야기 도중 미안하지만, 뭔가 오해가 있는 것 같아서 그러는데 내가
먼저 이야기해도 될까요?"라고 묻는 것이다. 그러면 사람들은 대부
분 동의를 하고, 상대방에게 존중과 배려를 받았다고 느낀다.

3단계) 판단하지 않기

이야기를 듣다 보면 '이 사람이 이래서 그렇구나' '이런 스타일이
라 저렇게 생각하는구나'라고 스스로 단정짓게 된다. 일을 할 때도
일 잘하는 직원, 일 못하는 직원, 내가 선호하는 직원, 싫어하는 직원
처럼 각자 사람에 대해 판단하는 선호도가 있다. 이것이 '프레임'이
다. 일을 못하는 직원과 이야기할 때는 모든 것이 불편하게 느껴지

기도 한다. 이것은 '선입견'이다.

대화를 할 때는 상대방이 어떤 스타일인지 내가 알고 있어도 그 이야기를 듣고 있는 순간만큼은 절대로 판단해서는 안 된다. 처음 만난 사람처럼, 아무런 정보가 없는 사람처럼 그렇게 상대방을 순수하게 바라보며 선입견 없이 대화를 이어가야 한다. 공감대화에서 이 단계가 가장 어려운 단계이다.

4단계) 상대방의 말에 적극적인 반응과 리액션하기

말하는 사람의 표정을 보면서 오감으로 어떤 상태인지를 느껴야 한다. 내가 얼마나 열심히 듣고 있는지를 눈으로 보여주고 상대방에게 집중하면서 페이싱, 미러링, 백트레킹과 같은 라포 스킬도 활용한다. 상대방의 기분이 다운되어 있는데 나 혼자 기분 좋게 말하면 대화의 톤이 맞지 않는다. 오감을 활용해 상대방의 상태를 잘 파악한 후 적극적인 반응과 리액션을 해준다. 그러면 상대방은 '내 말에 공감해 주고 있구나'라며 진심으로 고마워한다.

5단계) 편안한 분위기를 계속 유지하면서 질문하고 말을 요약하기

대화를 한다는 것은 최대한 편안한 분위기를 만든다는 의미다. 불편하고 어색한 자리라고 생각하면 사람들은 자신의 내면을 보여주지 않는다. 그래서 대화를 하는 공간이나 주변 환경도 중요하다. 상대방을 안심시켜 나에게 이야기해도 전혀 문제가 없다는 메시지를 계속 보내줘야 한다. 중간에 적절한 격려와 긍정적인 피드백을 해주고, 대화가 끝날 때에는 궁금한 것은 질문을 통해 확인하고 상대방이 말한 것을 정리해서 요약해 주는 것이 좋다. '지금 김 사원이 이야기하는 것은 일이 너무 많아서 번아웃 상태라는 거죠? 그래서 다른 팀원과 일을 좀 나눠서 하면 좋겠다는 말을 하는 거죠? 맞나요?'라고 정리해 주는 것이다. 맞다면 서로의 대화가 잘된 것이고, 틀린 부분이 있다면 상대방이 다시 이야기해 줄 것이다. 공감대화는 이렇게 5단계 프로세스를 잘 지켜가면서 하면 상대방의 마음을 끌어낼 수 있다.

5단계 공감대화 프로세스는 가장 기본적인 대화 프로세스이다. 쉽다고 생각할 수 있지만 생각보다 어렵다. 실제 대화를 할 때에는 반드시 5단계 프로세스를 지키면서 할 필요는 없다. 상황에 맞게 대화를 하면 된다. 그러나 5단계 프로세스를 충분히 반영하여 대화하려고 노력해야 한다. 소통에는 연습이 필요하다. 안 된다고 포기하지 말고 계속해서 100일 정도만 연습해 보자. 100일 동안 꾸준히 실천하면 몸에 체득화된다고 한다. 소통 마인드셋이 되는 것이다. 매번 대화를 할 때 '경청과 공감을 하자'는 생각을 가지고 5단계 프로세스를 적용한다면 100일 후에는 누구에게나 인정받는 훌륭한 공감자가 될 것이다.

리더에게 필요한 경청과 공감

　인격과 감정이 있는 사람들을 돌보고 이끌어야 한다는 점에서 '공감'은 매우 중요한 리더십 역량이다. 타인의 입장과 관점을 이해하고 받아들이는 공감능력은 구성원들의 신뢰를 얻는 데 있어 무엇보다 중요하기 때문이다.

　하지만 평소 사실에 기반해 판단하는데 익숙한 리더들은 이러한 공감의 표현이 어색할 수 있다. 그러나 공감은 구성원을 이끌기 위해 반드시 필요한 과정이며, 구체적인 언어와 행동으로 표현해야 상대방에게 전달된다. 구성원의 입장에서 리더가 자신을 인정하고 지지한다고 느끼게 만드는 것이 공감이다. 리더는 '공감책임자'이고, CEO는 '최고공감책임자(Chief Empathy Officer)'라고 할 수 있다. 더 높은 자리에 오를수록 나의 공감적 소통의 수준이 그에 걸맞는지 점검하고 향상해야 한다

미국 교육컨설팅기업의 대표코치인 조엘 슈월츠버그는 리더에게 필요한 커뮤니케이션으로 경청, 인정, 염려, 행동의 4단계 접근법을 제시한다.

─────── 경청(Listening)

주의 깊게 상대의 말을 듣는 것만으로도 깊은 이해와 공감을 표현하는 것이 가능하다. 경청은 입은 다물고 귀는 크게 열고 '나는 당신의 상황에 대해 듣고 싶어요'라는 메시지를 보내는 것이다.

─────── 인정(Acknowledgement)

리더 스스로 문제를 해결하지 못하더라도 문제를 충분히 인정하고, 영향에 대해 인지하고자 노력하는 것만으로 공감을 표현할 수 있다. 인정은 내가 지금 이 상황을 충분히 인지하고 있다는 것을 보여주는 것이다.

─────── 염려(Care)

단순히 인정을 하는 것이 아니라 구성원들이 겪은 어려움에 대해 진심 어린 염려를 표하는 것이다. 이런 상황에서 구성원들은 공감을 느낀다. 염려라는 것은 '지금 일어난 상황에 마음이 쓰인다' '마음이 아프다' '걱정이 된다'라는 뜻이다.

———————— 행동(Action)

일반적으로 행동을 공감의 반응이라고 하지는 않는다. 그러나 리더는 문제에 대한 솔루션을 제안하며 자신의 공감을 표현할 수 있어야 한다. 인정과 염려를 넘어 행동을 표현하는 자세는 내가 이 상황을 적극적으로 해결하고 싶다는 의지를 보여주는 것이다.

조직에서 문제가 발생했을 때 리더가 깊이 소통하는 4단계 접근법으로 풀어나가면 구성원들은 공감능력이 높다고 평가할 것이다. 구성원들의 말에 잘 경청하고 인정하면서 염려를 통해 행동으로 옮기는 공감의 접근법이 신뢰와 감동으로 이어질지도 모른다.

리더 스스로 자신의 공감능력이 떨어진다고 먼저 걱정하지 않아도 된다. 공감능력은 구성원들이 그것을 듣고 보고 느낄 수 있을 때 비로소 효과를 발휘한다. 공감의 4단계 접근법만 잘 지켜도 공감능력이 뛰어난 리더로 평가받게 될 것이다. 물론 진정성 있는 마음으로 구성원에게 진심을 보이는 것이 더욱 중요하다.

PART
4

피드백

변화와 성장의
보물상자

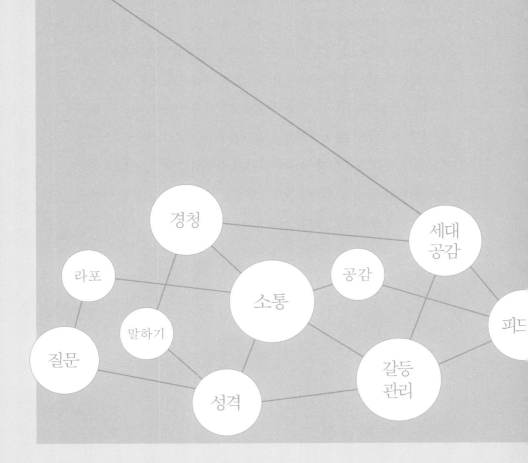

경청

라포

세대
공감

공감

소통

피드

말하기

질문

갈등
관리

성격

사람들은 누구나 피드백을 주면 행동의 변화가 일어난다. 이때 긍정적 피드백은 사람들의 행동을 강화시키고, 내가 하고 있는 일에 보람을 느끼게 하여 앞으로 더 잘해야겠다는 다짐을 하게 만든다. 그리고 건설적 피드백은 행동의 변화를 일으키고, 무엇이 문제인지를 인지하여 다시 새롭게 시작할 수 있게 해준다.

긍정적 피드백을 통해 서로를 격려하며 동기부여할 수 있고, 일이 잘못되었더라도 건설적 피드백을 통해 바로 수정하여 개선할 수 있다. 이처럼 조직에서 일을 한다는 것은 수많은 피드백을 주고받는 과정이다. 피드백을 원활하게 주고받는 조직이 건강한 조직이다.

피드백은 변화의 기회를 준다

'피드백'의 의미는 상대의 행동에 대해 구체적인 반응을 보임으로써 행동의 강화 또는 변화의 기회를 제공하는 것이다. 조직은 긍정적 피드백을 통해 잘하고 있는 것은 더 잘하게 만들고, 건설적 피드백을 통해 잘못하고 있는 것은 개선해야 한다.

조직에서는 끊임없이 피드백이 이어져야 하며, 그것이 칭찬이든 질책이든 그때그때 적절하게 피드백을 해줘야 제대로 된 소통을 할 수 있다. 하지만 현장에서는 적극적인 피드백이 잘 이루어지지 않는데, 그 이유는 상대방이 부정적인 피드백을 좋아하지 않기 때문이다. 그렇다 보니 반드시 해야 할 책임이 있지 않는 한 타인에게 피드백을 하려고 하지 않는다. 그리고 이는 곧 조직의 성장을 막는 걸림돌이 된다.

그렇다면 왜 피드백 문화가 중요할까? 미국의 한 HRD 컨설팅회

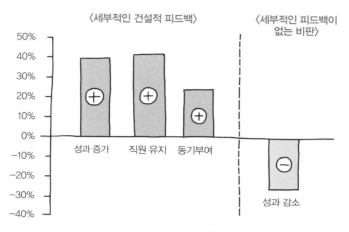

〈세부적인 건설적 피드백〉　　〈세부적인 피드백이 없는 비판〉

성과 증가　직원 유지　동기부여　　　성과 감소

(출처 : Corporate leadership Council)

사의 조사에 따르면 제대로 된 건설적 피드백은 성과를 39% 향상
시켰고, 구성원들의 재직기간도 무려 40%나 늘어났다. 동기부여 역
시 23.3% 향상시켰다. 그러나 자세한 설명이 없는 부정적 피드백은
성과를 26%나 감소시켰다. 이처럼 피드백은 성과를 올리는데 매우
중요한 역할을 하기 때문에 꼭 필요하다고 할 수 있다.

　피드백을 하는 사람은 선물을 준다고 생각하면서 진심으로 전달
하고, 받는 사람은 소중한 선물을 받는 것처럼 상대방의 마음을 받
아들여야 한다. 이처럼 피드백에 대한 마음이 서로 통할 때 행동은
강화되고 변화할 수 있으며 결국 성과의 성취로 이어진다.

─────── 피드백을 통해 소통의 창을 넓혀라

조해리의 창은 1950년대 미국의 심리학자인 조셉 루프트와 해리

잉햄이 정리한 심리학 이론으로, 두 사람의 이름 앞글자를 따 '조해리의 창(Johari's windows)'이라고 불린다. 원래는 집단역학에 대해 조사를 하던 과정에서 개발한 모델인데, 소통과 피드백의 상황을 입체적으로 확인할 수 있다.

- Open(공개된 영역) : 내가 아는 영역과 남이 아는 영역이 공개된 영역이다. 이것이 현재 내가 보여주고 있는 소통의 창이다. 사람들과 관계가 좋아지고 소통이 잘되기 위해서는 공개된 영역이 넓어져야 한다.
- Blind spot(맹목적 영역) : 내가 모르고 있는 영역이지만 남이 아는 영역이다. 공개된 영역이 넓어지기 위해서는 맹목적 영역이 좁아져야 하는데, 그렇게 하기 위해서는 피드백을 많이 받아야 한다.
- Hidden(감추는 영역) : 내가 아는 영역이지만 남이 모르는 영역이다. 내가 생각하는 신념·가치·목표 등을 사람들에게 많이 말해야 이 영역이 적어지는데, 이때 최대한 솔직하게 오픈하고 자신의 생각을 많이 피드백해 줘야 한다.
- Unknown(미지의 영역) : 나도 모르고 타인도 모르는 영역이다. 결국 공개된 영역을 크게 만들수록 이 영역이 줄어든다.

4개의 창에서 공개된 영역(Open)이 넓어져야 타인과의 관계와 소통이 잘되는 것인데, 공개된 영역이 넓어지려면 결국 맹목적 영역

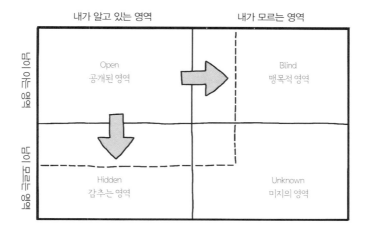

(Blind)과 감추는 영역(hidden)이 좁아져야 한다.

일반적으로 소통이 안 되는 사람들을 보면 타인의 말을 제대로 듣지 않거나 무시하는 사람들이 많다. 의견을 분명하게 이야기했는데도 자신의 잘못이 아니라고 말하거나 그것은 그 사람의 문제일 뿐이라고 치부하는 것이다. 따라서 조해리의 창을 넓힌다는 의미는 나를 좀 더 솔직하게 드러내면서 타인의 피드백을 적극적으로 수용하는 사람이 되는 것이다.

좋은 관계와 소통은 결국 나를 더 많이 보여주고 타인의 의견을 수용하여 끊임없이 성찰하는데 큰 의미가 있다. 인간은 누구나 완벽하지 못하며, 사람들과의 관계는 그 어떤 것보다 더 어렵다. 특히 사람의 특성상 타인에게 부정적인 피드백을 받게 되면 자신이 가진 신념과 가치관이 무너질 수 있기 때문에 저항하고 부정하는 습성이 있다. 그럼에도 불구하고 훌륭한 관계와 소통을 유지하는 사람들은 부정적인 피드백까지도 자신을 돌아보는 성찰의 기회로 삼는다. 결국 소통이 잘되는 사람들은 끊임없이 자신을 돌아보고 타인과의 관계에서 부족한 점을 찾아내 바꾸려고 노력하는 성장마인드셋이 있는 사람들이라고 할 수 있다.

자신을 드러내고 타인의 피드백을 받아 변화하려는 사람들은 조해리의 창이 계속 커져 누구와도 편하게 이야기할 수 있는 소통능력이 탁월한 사람이 될 것이다.

피드백의 핵심은
관찰과 추측을 구분하는 것이다

'유동건 씨는 상황을 스스로 개척해 나가는 패기가 부족해.' 이 문장은 관찰일까? 추측일까? 관찰처럼 보이지만 추측이다. 패기가 부족하다는 생각은 나의 생각과 추측이기 때문이다. 이처럼 구체적인 근거를 가지고 설명하지 않으면 추측이 된다.

'박순진 씨는 반론을 제시하면 즉시 침묵해 버리고 상대방이 말한 대로 하는 경우가 많더라.' 이 문장은 관찰일까? 추측일까? 추측이다. '많다'라는 단어는 말한 사람의 생각이자 추측이다.

피드백의 핵심은 '관찰'이다. 피드백을 잘하기 위해서는 추측과 관찰을 잘 구분해야 한다. 관찰은 주관적 판단 없이 사실만을 객관적으로 확인하는 것이다. 예를 들어 김 사원이 10분을 지각했다면 '관찰'은 "김 사원, 10분 지각했네"라고 말하는 것이다. 그런데 '추측'은 "김 사원, 10분 지각했네. 왜 이렇게 게을러"라고 말하는 것이다. 즉, 추측은 관찰한 내용에 기반해 내 생각을 보태어 말하는 것이다.

피드백을 할 때 추측하여 말하면 듣는 사람은 기분이 나빠진다. 실수로 한두 번 지각한 건데 상대방의 생각이나 추측의 말을 들으면 서운할 수 있다. 따라서 피드백을 할 때는 생각이나 추측이 아닌 관찰한 내용만을 기반으로 해야 한다. 그래야 신뢰를 쌓을 수 있다.

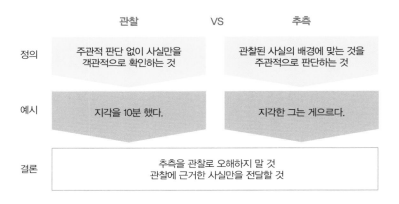

	관찰	VS	추측
정의	주관적 판단 없이 사실만을 객관적으로 확인하는 것		관찰된 사실의 배경에 맞는 것을 주관적으로 판단하는 것
예시	지각을 10분 했다.		지각한 그는 게으르다.
결론	추측을 관찰로 오해하지 말 것 관찰에 근거한 사실만을 전달할 것		

피드백을 통해 좋은 결과를 찾는다

피드백은 줄 수도 있고 받을 수도 있다. 그렇다면 피드백을 받을 때는 어떤 생각과 자세를 취해야 할까? 우선 피드백을 받을 때는 그 내용을 자세히 듣고 의도를 이해해야 한다. 상대가 나에게 이 피드백을 왜 했는지에 대해 곰곰이 생각해 보고, 들을 때는 스스로를 방어하려고 하지 말아야 한다. 특히 질책의 상황에서 사람들은 스스로를 방어하거나 회피하려는 경향이 있는데 온전히 상대방의 의견을 들어야 한다. 그리고 나서 내가 궁금하거나 의견이 엇갈리는 부분은 왜 그렇게 생각하는지, 그 상황이 어떤 상황이었는지에 대해 자세하게 물어봐야 한다.

또한 피드백을 받을 때는 사실(fact)에 대해서만 이야기해 달라고 요청해야 한다. 말을 하다 보면 개인적인 감정이나 의견이 들어가기 쉬운데 사실을 기반으로 이야기해 달라고 부탁하고, 그 피드백을 개인적인 감정으로 받아들이지 말아야 한다. 비록 심하게 질책을 하는 내용일지라도 그것은 그 사람의 의견이나 감정이 아니라 내가 한 행동에 대한 질책의 피드백이기 때문에 본질을 잘 이해해야 한다. 가끔 다른 사람에게 들었던 내용을 간접적으로 피드백하는 경우도 있는데, 그런 피드백은 정중히 거절해야 한다. 왜냐하면 다른 사람의 이야기는 사실인지 아닌지의 여부가 확인되지 않을 뿐더러 정확하지 않은 경우가 많기 때문이다.

피드백은 결국 그것이 칭찬이든 질책이든 상대방의 변화와 발전을 위한 것이기 때문에 향후 더 좋은 결과를 어떻게 낼지에 대해 고민하는 시간으로 만들어야 한다. 피드백은 크게 긍정적 피드백(칭찬), 건설적 피드백(질책), 학대적 피드백(모멸감), 무의미한 피드백(영혼 없는 말) 등 4가지로 나눌 수 있다.

─────── 긍정적 피드백(칭찬)

사람들은 누구나 칭찬을 좋아한다. 긍정적 피드백은 일을 잘했을 때 더해지는 긍정적인 칭찬이다. 일을 지속적으로 더 잘하기 위한 조치로써 잘한 행동을 반복할 수 있도록 도와주는 것이다.

─────── 건설적 피드백(질책)

건설적 피드백은 일을 제대로 못했을 때 행해지는 것으로, 질책을 통해 일을 더 잘할 수 있도록 지도해 주는 것이다. 일을 제대로 하기 위한 행동의 바로잡음과 옳은 행동으로의 변화를 이끄는 것이 건설

긍정적 피드백 행동 반복	건설적 피드백 행동 변화
학대적 피드백 모멸	무의미한 피드백 미미한 반응

적 피드백이다.

─────── 학대적 피드백(모멸감)

상대방에게 모멸감이나 치욕감을 주는 최악의 피드백이다. 일을 못한다고 보고서를 던졌다는 일화는 추억 속의 이야기가 되었지만 아직도 말을 통해 모멸감을 주는 경우는 여전히 많다. 예를 들어 5년 차 대리가 보고서를 가져왔는데 마음에 들지 않는다고 "김 대리! 보고서 쓰는 수준이 올해 새로 들어온 신입사원보다 못한 것 같아. 이래 가지고 선배 역할이나 제대로 하겠어?"와 같은 말이 학대적 피드백이다.

상대방이 치욕적인 기분이 들거나 자존감을 완전히 상하게 하는 말은 그 사람의 영혼을 피폐하게 만든다. 이런 학대적 피드백은 절대로 해서는 안 된다. 이렇게 피드백을 하는 리더는 나중에 반드시 보복을 당하게 된다. 이를 '리더십 역풍'이라고 하는데, 모욕감을 당한 직원들은 그 순간에는 잠시 넘어가지만 나중에 어떤 방식으로든 보복을 한다. 예를 들어 그 분노감이 마음속에 쌓여 상사가 뭔가 필요할 때 결정적인 자료를 누락하거나 뒷담화를 통해 평판을 나쁘게 해서 리더십 영향력을 방해하는 등 다양한 방법으로 복수를 계획한다. MZ세대들은 블라인드 앱 같은 익명게시판에 구체적으로 사례를 올리기도 한다. 세상에 비밀은 없다. 모욕감을 주는 행위나 학대적 피드백은 어떤 방식으로든 외부로 알려질 수 있다. 따라서 직원에게 모멸감을 주는 피드백은 절대로 해서는 안 된다.

─────── **무의미한 피드백(영혼 없는 말)**

피드백을 해주긴 하지만 하나 마나 한 피드백이다. 상사는 후배직원의 성장에 전혀 관심도 없고, 보고를 해도 '잘했어'라고 피드백을 주지만 그 말에는 영혼이 없다. 상사로서 제대로 피드백을 해줘야 하는 의무가 있지만 무의미한 피드백을 하는 상사들은 후배직원에게 아무런 관심이 없다. 그저 본인의 일에만 관심이 있을 뿐이다.

사람들은 타인의 감정에 예민하다. 상사가 어떤 말을 할 때 그 사람이 어떤 감정을 가지고 이야기하는지 다 알고 있다. 그런 관점에서 무의미한 피드백은 불필요한 피드백이자 오히려 후배직원들의 동기부여를 저하시키는 피드백이라고 할 수 있다.

이렇게 피드백은 4가지로 정리할 수 있는데, 그중에서 긍정적 피드백(칭찬)과 건설적 피드백(질책)에 대해 자세히 살펴보기로 하자.

긍정적 피드백(칭찬) 스킬

가수 마돈나는 어렸을 때부터 예쁘고 아름답다는 말을 많이 들었다고 한다. 노래에 대한 재능도 있어 사람들의 칭찬이 자자했는데, 열네 살 때 무용 선생님인 크리스토퍼 폴린을 우연히 만났다. 선생님은 마돈나가 무용하는 모습을 보고 타고난 예술적 재능이 있다는 것을 간파했다. 그리고 마돈나에게 열심히 노력하는 모습과 타고난 재능에 대해 칭찬을 했다.

"세상에 이렇게 아름다울 수가! 네 얼굴은 마치 고대 로마의 여신상 같구나!"

마돈나는 폴린 선생님의 진심 어린 칭찬에 자신감을 얻어 그때부터 인생이 바뀌었다고 고백했다. 그리고 열심히 노력하면 훌륭한 가수가 될 수 있다고 생각한 마돈다는 가수가 되기 위한 본격적인 훈련에 돌입한다. 그리고 그녀는 10대의 나이에 톱스타가 된다.

시간이 흘러 폴린 선생님이 위중하다는 소식을 들었을 때 마돈나는 선생님의 병원비를 모두 부담했고, 돌아가셨을 때에는 고향으로 내려가 장례식에서 직접 추도문을 읽고 장례비용까지 치르면서 그에 대한 변함없는 감사와 사랑을 전했다.

이처럼 가장 결정적인 순간의 긍정적 피드백(칭찬)은 한 사람의 인생을 바꿀 수 있다. 적절한 상황에서의 긍정적 피드백은 강력하게 행동을 강화해 줄 수 있고, 동기를 부여하고 자신감을 갖게 하며 사람들과의 관계를 개선하는 최고의 수단이 된다. 이때 칭찬과 인정을 하기 위해서는 상대방이 잘하는 것이 무엇인지 제대로 파악하고 그들의 강점에 집중하는 것이 필요하다.

긍정적 피드백은 원활한 조직생활을 위해서도 필요하다. 특히 긍정적 피드백을 할 때 칭찬과 인정을 제대로 구분해서 해야 하는데, 칭찬은 겉으로 드러난 행동, 선택, 좋은 결과에 대해 하는 것이다. 그러나 인정은 겉으로 드러난 것 외에 그 안에 숨어 있는 보이지 않는 부분까지 인지하는 것으로, 그 일을 하기 위해 노력한 과정과 어려움을 극복한 인내심까지도 인정하는 것이다. 그래서 긍정적 피드백은 겉으로 보여지는 결과나 성과를 칭찬하되 보이지 않는 노력이나 과정들까지도 확인해서 인정해 주는 것이 중요하다.

무조건 '잘했다' '잘할 수 있다'고 말하는 것이 칭찬이 아니다. 구체적인 행위와 근거를 짚어주면서 구성원들이 납득할 수 있는 범위 안에서 효과적으로 인정하는 것이 칭찬이다. 구성원들이 조직의 성과목표 달성에 기여하겠다고 마음먹게 되는 데는, 다른 누구도 아닌 리더의 인정이 중요한 역할을 한다. 이때 인정은 구체적으로, 간결하게, 적시에, 진심으로 해야 한다.

그렇다면 어떠한 기준을 가지고 칭찬을 하는 것이 좋은가? 몇 가지 포인트를 가지고 긍정적 피드백(칭찬)을 하면 더 효과적인 결과를 얻을 수 있다.

——————— 일의 과정에 대해 칭찬해 준다

보통 결과만을 중요하게 생각해 열심히 했는데도 결과가 좋지 않으면 칭찬을 하지 않는 사람들이 많다. 물론 조직에서는 성과가 중요하지만 과정을 인정해 주는 것도 매우 중요하다. 이번에 실패했으면 다음에 더 잘하면 되는 것이다. 이미 실패한 사실을 가지고 계속 질책을 한다면 다음번의 성과가 더 나빠질 수 있다. 따라서 결과가 좋지 않더라도 과정에 최선을 다했다면 그 부분을 충분히 칭찬해 주고 결과에 대해서는 아쉬움과 함께 다음에 더 잘할 수 있도록 동기부여를 하는 것이 효과적인 긍정적 피드백(칭찬)이다.

——————— 그 사람의 노력을 칭찬한다

스탠퍼드대학교 심리학과 캐롤 드웩 교수의 유명한 실험이 있다.

초등학교 5학년을 대상으로 실험을 했는데, 상당히 쉬운 문제로 구성된 시험지를 채점 후 칭찬 한마디와 함께 돌려주었다. 이때 절반의 학생들은 지능에 대한 칭찬을 받는다. "넌 참 똑똑하구나!" 나머지 절반의 학생들은 노력에 대한 칭찬을 받는다. "너 참 애썼구나!" 그리고 다음번에는 어려운 시험지와 쉬운 시험지 둘 중에서 아이들이 직접 선택할 수 있게 했다. 그런데 노력에 대해 칭찬받은 아이들은 90%가 어려운 시험지를, 지능에 대해 칭찬받은 아이들의 대부분은 쉬운 시험지를 선택했다.

지능에 대해 칭찬을 받은 아이들은 어른들을 실망시키고 싶지 않고 머리 좋은 자신이 멍청해 보이기 싫어서 쉬운 길을 택한 것이다. 도전하기보다는 안정적인 삶을 선택하는 것과 같다. 실패를 두려워하고, 만약 실패한다고 해도 그것을 인정하고 싶지 않았을 것이다. 반면 노력에 대해 칭찬을 받은 아이들은 지능을 칭찬받은 아이들과 매우 다른 반응을 보여줬는데, 어려운 문제에 좌절하지 않고 오히려 반기며 문제를 풀어 나갔다. 스스로 노력해서 해결해 내고야 말겠다는 의지가 있는 것이다. 실제 결과에서도 노력을 칭찬한 아이들이 더 높은 성적 향상을 보였다.

이 결과를 통해 캐롤 드웩 교수는 성장마인드셋을 가진 사람과 고정마인드셋을 가진 사람으로 나누었는데, 노력을 칭찬한 사람들이 성장마인드셋을 가지고 커나갈 가능성이 크다고 했다. 따라서 긍정적 피드백(칭찬)을 할 때 그 사람의 재능이나 타고남을 칭찬해서는 안 되며, 그 일을 하기 위해 얼마나 노력했고 몰입했는지에 대해 칭찬을 해야 미래의 업무성과도 더 올라갈 것이다.

작은 것을 칭찬해 준다

칭찬은 많은 사람들이 모여 있을 때 하는 것이 좋다. 하지만 그것보다 더 효과가 있는 것은 작은 것부터 하나하나 칭찬해 주는 것이다. 소소한 칭찬은 사람들의 동기부여를 높이고, 작은 성취(small win)에 대한 칭찬이 모여 결국 큰 칭찬이 되기 때문이다. 물리적인 보상은 개인적으로 할 수 없지만 심리적인 보상은 언제든지 가능하다. 상사이든, 후배직원이든 본인이 상대방에게 할 수 있는 심리적인 보상을 마음껏 베풀어 보자. 작은 칭찬이 모여 큰 성과를 낼 수 있는 원동력이 될 것이다.

그러나 무조건 긍정적 피드백(칭찬과 인정)만 하면 되는 것인가? 그렇지 않다. 칭찬에도 방법이 있다. 프로세스에 맞는 칭찬은 상대방을 행동중심적이면서 구체적으로 동기부여가 되게 만든다. 따라서 긍정적 피드백도 프로세스에 따라 하면 우리가 원하는 칭찬과 인정을 모두 포함해서 할 수 있다. 처음에는 어렵게 느껴질 수 있지만 계속하다 보면 익숙해지기 때문에 몸에 익을 수 있도록 꾸준히 연습하는 것이 중요하다.

긍정적 피드백(칭찬)의 프로세스

긍정적 피드백은 타인에게 동기를 부여하고 자신감을 갖게 하며, 인간관계를 개선하게 하는 최고의 수단이다. 긍정적 피드백을 할 때에는 AAT 프로세스에 따라 상대방의 강점에 초점을 맞춰 칭찬과 인정을 해야 한다.

Act(행동)	Actor(사람)	Thanks(고마움)
칭찬받을 만한 잘한 행동에 대해 말한다.	칭찬받는 사람의 동기, 노력 및 능력을 인정해 준다.	칭찬받는 사람에 대한 고마움을 표현한다.

우리가 긍정적 피드백을 할 때 AAT 프로세스에 따라 하면 정확하게 칭찬할 수 있다. 막연하게 '잘했어' '최고야' '수고했어'와 같은 칭찬은 그 말의 의도를 진실되게 표현할 수 없다. AAT 프로세스로 칭찬과 인정을 하게 되면 피드백을 받는 사람들은 상대방이 진심으로 나를 칭찬하고 있다고 느끼고, 더 큰 동기부여를 얻을 수 있다.

예를 들어 신입사원 박순진 씨가 우리 팀에 들어왔다. 한 달 동안 지켜보니 매일 1시간씩 일찍 출근해 서류철과 책장을 정리하고 공용으로 사용하는 복합기도 깨끗하게 정리하고 있었다. 이런 상황을 여러 번 목격했는데 오늘은 꼭 칭찬을 해주고 싶었다. 이럴 때 어떻게 칭찬을 할 것인가? 일반적으로는 이렇게 긍정적 피드백(칭찬)을 줄 것이다.

"박순진 씨! 서류철 정리해 준 것 고마워요! 공용기기인 복합기까지 정리한 것도 너무 고맙고요!"

이 칭찬은 고맙다는 표현이기는 한데, 뭔가 아쉽다. 물론 아무 말도 하지 않는 사람보다는 이렇게 칭찬하는 것도 괜찮다. 하지만 고마운 마음을 전할 때는 제대로 하는 것이 필요하다. AAT 프로세스에 따라 칭찬을 해보자.

- Act(행동) : 박순진 씨! 오늘 서류철 정리해 줘서 고마워요. 공용 기기인 복합기까지 정리해 준 것도 고맙고요.
- Actor(사람) : 내가 보니 한 달 전부터 1시간씩 일찍 와서 이렇게 서류철과 공용기기를 정리하는 것 같은데, 아무리 신입사원 이라지만 정말 대단한 것 같아요. 누가 시키지도 않았는데 스스로 선배들을 배려하는 마음이 너무 좋은 것 같아요.
- Thanks(고마움) : 박순진 씨의 행동에 우리 팀 모두가 감사하게 생각할 거예요. 정말 고맙고 수고했어요.

이렇게 긍정적 피드백을 하면 어떨까? 단순히 한마디 칭찬보다 박순진 씨가 노력한 과정을 구체적으로 인정해 주니 피드백을 받는 사람 입장에서는 상대방의 마음을 더 기쁘게 받아들일 것이다. 그리고 행동이 강화되어 신입사원으로서 자부심을 가지고 일을 더 열심히 하게 될 것이다. 이처럼 구체적이고 긍정적인 피드백은 상대의 행동을 강화해 주고, 자신이 하고 있는 일에 대해 자부심을 가지고 더 열심히 할 수 있는 동기부여가 된다. 또 다른 사례를 보자.

"김성실 님, 매번 고객들과 상담할 때 엉뚱한 질문을 받더라도 밝게 웃는 모습이 보기 좋아요. 앞으로도 항상 웃으면서 파이팅합시다."

- Act(행동) : 김성실 님, 고객들과 상담을 할 때 항상 웃으면서 하니 정말 보기 좋아요.

- Actor(사람) : 어제는 여러 명의 힘든 고객을 만나는 것을 제가 직접 봤는데 한 번도 불편해하지 않고 충실히 상담해 주더라고요. 힘들 텐데도 매번 최선을 다하는 모습에 저도 힘이 납니다.
- Thanks(고마움) : 한결같이 열심히 고객을 만나는 김성실 님, 정말 고마워요. 김성실 님이 있어서 우리 팀이 더 파이팅할 수 있는 것 같아요.

이처럼 AAT 프로세스에 따라 긍정적 피드백(칭찬)을 꾸준히 하다 보면 어느새 몸에 붙어 사람들과의 관계도 좋아지고 훌륭한 소통을 할 수 있게 된다. 한두 번의 연습으로 끝내지 말고 제대로 될 때까지 계속 연습하다 보면 어느새 몸에 착 달라붙으며 자연스럽게 된다. 뇌과학에서 말하는 100일 동안 계속 해보는 것이다. 그때부터는 내가 의식하지 않아도 AAT 프로세스로 칭찬을 하게 될 것이다. 잘될 때까지 꾸준하게 노력하는 힘이 나를 변화시키는 최고의 방법이다.

건설적 피드백(질책) 스킬

긍정적 피드백(칭찬)은 사람들이 들으면 기분이 좋아진다. 어느 누가 칭찬을 싫어하겠는가? 그러나 사실 이보다 더 중요한 것은 건설적 피드백(질책)이다. 아무리 상대방을 위해 한 말이라고 하지만 질책을 받는 사람 입장에서는 기분이 좋을 리 없다. 그렇다고 뭐든 다 '잘했다' '좋다'고 말하는 것도 신뢰할 수 없다. 그래서 상황에 따라 정확하게 피드백을 해줘야 하고, 특히 잘못했을 때에는 진심으로 상대방의 발전을 위해 질책하는 것이 중요하다.

그러나 질책이라는 것은 기본적으로 상대방이 잘못한 것을 지적하는 것이기 때문에 좋은 분위기에서 하기 힘들다. 그래서 말을 하는 상사나 듣는 후배직원이나 무척 힘든 것이 질책하는 상황이다. '질책하기'를 '건설적 피드백'이라고 이름 붙인 이유는 질책을 통해 상대방의 행동이 건설적인 방향으로 나아갈 수 있기 때문이다.

건설적 피드백을 할 때 사람들은 부정편향(Negativity Bias)을 가지게 되는데, 이것은 긍정적인 것보다 부정적인 정보와 경험에 더 많은 비중을 두는 인간의 경향 때문이다. 상사가 칭찬을 더 많이 했음에도 불구하고 부정적인 피드백을 더 기억하고 영향을 받을 가능성이 크다는 것이다. 성과를 관리하거나 평가함에 있어서도 긍정적인 피드백보다 부정적인 피드백에 더 강하게 반응하는 경우가 많은 것도 이 때문이다. 따라서 리더가 건설적 피드백을 제대로 하지 못하면 구성원의 사기가 감소되거나 상사에게 저항할 수도 있다. 이런 저항 때문에 상사는 해야 할 건설적 피드백을 제대로 못해 오히려 구성원의 성장에 방해가 되기도 하고, 극단적으로는 이런 갈등 때문에 구성원이 조직을 떠날 수도 있다.

그래서 건설적 피드백을 할 때 가장 중요한 포인트는 듣는 사람이 '정말 나를 위해 잘못한 것을 잘못했다고 말하고 있구나!'라고 믿는 서로에 대한 신뢰가 반드시 형성되어 있어야 한다. 아무리 상사라고 해도 상대방과 신뢰가 전혀 없는 상황에서의 질책은 어떤 영향력도 발휘할 수 없고 효과도 없다는 것을 기억해야 한다.

건설적 피드백의 목적은 상대방이 실수를 하거나 잘못했을 때 옳바른 방향으로 나아갈 수 있도록 도와주는 것이다. 이것은 비난과는 본질적으로 다르다. 더 성장할 수 있도록 구체적인 행동을 언급하고, 더 좋은 방향으로 갈 수 있도록 개선점을 알려주는 것이다. 따라서 리더들은 건설적 피드백을 잘해야 조직의 성과를 끌어올릴 수 있다. 이때 타인을 질책한다는 것은 단순히 실수나 잘못을 지적하는 것뿐만 아니라 사람들의 감정과도 연결되어 있으므로 개인의 성향에 맞게 하면 더 효과적이다.

후배직원이 보고서를 올렸는데 보고서에 오타도 많고 양식도 맞지 않았다. 상사는 이런 상황이 계속 반복되다 보니 이번에 건설적 피드백(질책)을 해야겠다고 생각했다. 이럴 때 어떻게 하면 좋을까? 만약 감정적으로 질책을 한다면 이렇게 할 것이다.

"이걸 보고서라고 작성했나요? 오타투성이잖아요. 대체 어떻게 이런 실수를 매번 하는 거죠. 똑바로 못하겠어요? 앞으로 다시는 이런 실수를 하지 않도록 해주세요!"

이 내용을 AIN 프로세스를 활용해 건설적 피드백(질책)을 해보자.

Act(행동)
사람의 특성이나 성격이 아닌 잘못에 대한 구체적인 행동을 지적한다.

Impact(영향)
사람이 행동한, 일어난 상황에 대한 영향을 구체적으로 표현한다.

Next performance
(다음의 기대성과)
앞으로 바라는 행동과 성과에 대해 구체적으로 말한다.

• Act(행동) : 제출한 보고서를 보니 오타가 3개 정도 있고, 3페이지의 표 양식에 한 개의 항목이 빠졌네요.

• Impact(영향) : 보고서에 오타가 있거나 양식이 틀리면 내용과 상관없이 신뢰를 얻기 힘듭니다.

• Next performance(다음의 기대성과) : 다음부터는 내용뿐만 아
니라 오타나 양식에도 신경을 써서 완성도 높은 보고서를 기대
할게요.

이렇게 AIN 프로세스로 건설적 피드백을 하면 구성원이 스스로
부족한 점을 깨닫고 그 부분을 수정하게 된다. 그런데 여전히 많은
상사들이 질책을 할 때 지금의 잘못한 사실만 말하는 것이 아니라
과거의 잘못까지 끄집어내거나 감정적인 부분도 함께하기 때문에
후배직원의 입장에서는 매우 불쾌한 상황이 발생하기도 한다. 그래
서 AIN 프로세스가 필요한 것이다.

우선 건설적 피드백을 할 때는 반드시 감정을 제거해야 한다. 감
정이 올라온 상태에서 피드백을 하게 되면 아무리 AIN 프로세스로
한다고 해도 얼굴 표정에 감정이 그대로 드러나기 때문에 화를 내
거나 영혼이 없는 피드백으로 끝날 수 있다. 그렇기 때문에 감정이
올라왔을 때는 잠시 피드백을 멈추고, 시간이 흐른 뒤 평점심을 찾
았을 때 다시 건설적 피드백(질책)을 하는 것이 좋다. 건설적 피드백
의 다른 사례를 AIN 프로세스로 연습해 보자.

"경솔해 님은 매번 팀 회의를 할 때마다 3분 정도 늦습니다. 오늘
도 본부 전체회의가 있었는데 3분 늦게 들어왔네요."

• Act(행동) : 경솔해 님, 오늘 본부 전체회의에 3분 늦게 들어왔
네요.

- Impact(영향) : 지난번에도 늦었는데 오늘도 늦으니 다른 직원들까지 시간을 낭비하게 되네요. 겨우 3분이라고 생각할 수 있지만 본부원 20명이 기다린 3분씩을 생각하면 무려 60분이나 낭비된 거라고 생각해요.
- Next performance(다음의 기대성과) : 회의에 제시간에 들어오는 것은 조직원으로서의 기본적인 태도라고 생각합니다. 다른 직원들의 시간을 지켜주기 위해서라도 앞으로는 회의 5분 전에 와서 기다렸으면 좋겠습니다.

피드백은 열린 마음으로 해야 한다. 그리고 조직 내에 건설적 피드백(질책)을 하는 분위기가 긍정적으로 형성되어 있어야 하고, 서로가 피드백을 통해 발전할 수 있다는 신뢰를 가져야 한다. 특히 건설적 피드백은 부정적인 내용이 많기 때문에 기분 나쁘게 받아들이는 것이 아니라 본인이 성장할 수 있는 기회로 받아들이는 문화가 형성되어야 한다. 또한 건설적 피드백을 받으면 바로 실행할 수 있는 조직문화를 만드는 것도 중요하다.

솔직한 피드백과 부정적 피드백

《실리콘밸리의 팀장들》(박세연 역, 청림출판, 2019)의 저자 킴 스콧은 피드백에서 가장 효과적인 방법으로 극단적 솔직함(Radical candor)을 강조한다.

──────── 극단적 솔직함의 피드백

조직에서 성과를 내기 위해서는 구성원들에게 솔직한 피드백을 제공해야 하는데, 그것을 가능하게 하는 2가지 요소는 개인적 관심과 직접적 대립이다.

1) 개인적 관심

구성원의 경력관리와 성장에 대해 관심을 갖는 것이다. 개인적인 사항에 대해 관심을 가지고 묻는 것이 아니라 커리어 상의 목표, 조직의 업무를 통해 이루고 싶은 것 등의 동기부여 포인트를 이해하고, 구성원의 성공을 위해 관심을 가지는 것이 개인적 관심이다.

2) 직접적 대립

성과가 좋거나 나쁠 때 구성원들에게 피드백을 제공하려는 노력이 필요하다. 구성원들에게 역할을 주고 성과를 달성할 수 있도록 독려하고, 구성원이 잘하거나 못했을 때 제대로 피드백을 제공하는 것이 직접적 대립의 핵심이다.

극단적 솔직함 프레임워크

'극단적 솔직함'은 구성원 개개인에 대한 관심에 기반해 직접적으로 구성원들에게 피드백을 제공하는 것이다. 개인적 관심 없이 잘못만을 지적하여 상대를 불쾌하게 하는 '불쾌한 공격', 반대로 개인적 관심에만 중점을 두어 상대에게 필요한 것을 말하지 않는 '파괴적 공감', 배려도 구체적 피드백도 없는 '고의적 거짓' 모두 위험할 수 있다.

극단적 솔직함이 자리 잡으려면 리더의 솔선수범이 필요하다. 리더가 먼저 나서서 자신의 이야기를 하고 자신을 단점을 드러내며 다가가는 것이다. 리더가 겪은 실패담이나 상사에게 깨진 경험담을 공유하면서 극단적 솔직함에 가까이 가는 것이다. 만약 구성원이 리더에게 솔직하게 피드백을 했는데, 그 피드백이 타당하다면 리더는 바로 자신의 행동을 수정해야 한다. 이러한 태도는 조직 전체에 극단적 솔직함이 통할 수 있는 문화를 만들 수 있다.

구성원들과 좋은 관계를 맺으며 그들의 성장에 관심을 가지고 평소에도 직접적 대립을 통해 상호 피드백이 가능한 문화를 만들면 극단적 솔직함은 어려운 것이 아니다. 변화가 필요한 것은 바로 개선하고, 잘한 것에 대해서는 긍정적 피드백을 하면 된다. 피드백은 상대방에 대한 배려와 도전이 포함된다. 서로의 성장을 위한 것이기 때문에 심리적 안정감의 문화를 조성하고 즉각적으로 피드백하는 것이 가장 효과적이다.

——— 부정적 피드백이 리더에게 주는 영향

라비 S 가젠드란 연구팀의 연구에 따르면 리더의 44%는 부정적 피드백을 주는 것에 큰 스트레스를 받는다고 한다. 특히 일부 리더들은 부정적인 피드백을 준 후에 심각한 심리적 타격을 입기도 한다. 흥미로운 사실은 공감능력이 뛰어난 리더는 부정적인 피드백을 제공한 후 리더십이 떨어지고, 공감능력이 낮은 리더들은 부정적 피드백을 제공한 후 리더십이 올라가는 것으로 확인되었다. 공감능력이 높으면 구성원의 감정을 알아차릴 확률이 높고, 그 감정에 영향을 받아 자신의 감정상태가 무너지거나 업무성과에 악영향을 준다는 것이다. 결국 리더가 행하는 부정적 피드백은 높은 스트레스 유발과 에너지 고갈 등 리더십의 저하를 불러오게 된다.

따라서 공감능력이 뛰어난 리더가 구성원에게 부정적 피드백을 한 후에는 의도적으로 회복의 시간을 갖거나 휴식을 취하는 것이 좋다. 피드백 일정을 하루 업무를 마무리하는 시간에 하는 것도 좋은 방법이다. 또 부정적인 감정을 회복하기 위해 개인적인 다양한 활동을 하거나 봉사 프로그램에 참여하는 것도 좋다. 원래의 모습으로 빨리 회복하는 것이 중요하기 때문이다.

반면 공감능력이 떨어지는 리더들은 부정적 피드백에 특별히 어려움을 느끼지 않으며 오히려 피드백을 한 후에 활력을 느끼는 경우도 많다. 이것이 반복되면 최악의 방식으로 부정적 피드백을 하는 경우도 발생한다. 이러한 리더들에게는 효과적으로 피드백을 하는 스킬 교육을 받게 하는 것이 필요하다. 이를 통해 상대방의 감정을 망치지 않으면서 피드백을 하는 연습을 지속적으로 해야 한다.

피드백을 잘하기 위한 3S 스킬

피드백은 상대방에게 행동의 변화를 일으킨다. 피드백을 잘하기 위해서는 Speed, Straight, Specific의 '3S'를 기억하면서 연습해 보자.

——— Speed(신속하게 피드백하라)

뉴욕에서 서울로 출발하는 비행기가 이륙하면 보통은 자동항법 장치로 비행하게 된다. 이때 기장이 실수로 0.1도만 잘못 설정해 놓으면 일본 삿포로에 도착할 수도 있다. 이 말은 사소한 실수가 시간이 지나면 엄청난 사건이 될 수 있다는 것이다. 따라서 피드백을 할 때는 신속하게 해야 한다. 별거 아니라고 생각하고 나중에 하겠다고 생각했다가 결국 큰 손실이 발생하는 경우가 많기 때문이다.

Straight(솔직하게 피드백하라)

부정적인 피드백을 할 때는 듣는 사람뿐만 아니라 하는 사람도 불편함을 느낀다. 아무래도 잘못한 점을 지적해야 하기 때문에 '솔직하게 말했다가 상처받으면 어떻게 하지?'라고 생각하는 것이다. 그러나 일어난 내용을 사실(fact) 중심으로 관찰하고 솔직하게 피드백할 때 구성원은 리더에게 고마움을 느낀다. 솔직하게 말하는 것은 강력한 힘을 발휘한다. 돌려 말하지 말고 있는 그대로 상대방을 위하는 마음으로 피드백하라. 피드백을 받는 사람은 오히려 고마움을 표현할 것이다.

Specific(구체적으로 피드백하라)

피드백할 때는 구체적으로 해야 한다. "보고서가 창의성이 부족하네요. 조금 새로운 관점으로 다시 작성해 오세요. 내일 아침까지 창의적인 보고서 기대할게요." 혹시 팀원의 보고서를 보고 이렇게 피드백하지는 않았는지 되돌아보자. 이렇게 해서는 리더의 니즈를 정확하게 전달할 수 없다.

"김 대리, 제출한 보고서를 보니 다른 회사에 대한 비교 자료가 빠져 있고 연도별 구체적인 데이터가 누락된 것 같은데, 그 부분을 보완해서 내일까지 다시 제출해 주세요."라고 피드백해야 한다. 이처럼 무엇이 잘못되었는지 구체적으로 피드백해야 구성원들이 제대로

> **피드백의 3S**
> 1) Speed(신속하게 피드백하라)
> 2) Straight(솔직하게 피드백하라)
> 3) Specific(구체적으로 피드백하라)

이해하고 수정할 수 있다.

    3가지 피드백 스킬을 꼭 기억하자. 너무나도 당연한 것 같지만 생각보다 3S로 피드백하지 못하는 사람들이 많다. 3S 피드백만 잘해도 피드백을 잘한다는 평가를 받을 것이다.

피드백에 꼭 필요한 4가지 원칙

피드백을 할 때는 많은 것들을 생각할 필요가 있다. 긍정적 피드백과 건설적 피드백을 어떤 상황에서 어떤 비율로 할지도 고민해야 하고, 상대방의 성격이나 가치관에 대한 피드백이 아닌 그 사람의 행동에 대해서만 피드백을 하는 등 여러 사항들을 고려해서 하는 것이 현명한 피드백 습관이다.

─────── 칭찬과 질책의 최소비율은 3:1 정도를 유지하는 것이 좋다

긍정적 피드백(칭찬)을 건설적 피드백(질책)보다 3배 더 많이 하라는 것이다. 칭찬할 것은 하나도 없고 질책할 것만 넘쳐나는데 어떻게 칭찬을 3배 더 많이 하냐고 말하는 사람들도 있다. 하지만 그렇더라도 칭찬할 수 있는 상황을 찾아 긍정적 피드백을 해야 한다. 작고 소소하더라도 칭찬할 만한 거리를 찾는 것은 긍정적인 조직문화

형성에 도움이 된다. 왜냐하면 칭찬 문화가 부족한 조직일수록 분위기가 삭막해지고 결국 성과 저하로 이어질 수 있기 때문이다.

─────── 긍정적 피드백과 건설적 피드백을 함께하는 것은 좋지 않다

만약 두 개의 피드백을 함께해야 하는 상황이라면 시간이나 날짜 등을 나누어 하는 것이 좋다. 왜냐하면 사람들의 심리는 긍정적 피드백을 받고 난 후에 건설적 피드백을 받으면 '질책을 하기 위해 칭찬을 했구나'라고 오해를 해 칭찬한 내용에 대해 신뢰하지 않을 수 있기 때문이다. 따라서 피드백을 할 때는 구분해서 하는 것이 효과적이다.

─────── 피드백의 핵심은 행동에 대해 하는 것이다

피드백은 사실을 중심으로 관찰한 내용을 가지고 해야 하는데, 사람은 감정의 동물이라 자신의 생각과 의견을 함께 넣어 피드백하는 경향이 많다. 특히 이야기하면서 그 사람의 성격이나 가치관을 언급하게 되면 그 피드백은 이미 객관성을 잃은 피드백이다. 철저하게 사실 중심으로 피드백을 하되 대안도 구체적으로 이야기해 주는 것이 필요하다.

> **피드백의 4가지 원칙**
> 1) 칭찬과 질책의 최소비율은 3:1 정도를 유지한다
> 2) 칭찬과 질책을 함께하는 것은 좋지 않다
> 3) 피드백의 핵심은 행동에 대해 하는 것이다
> 4) 피드백의 최우선 조건은 상대에 대한 신뢰이다

피드백을 하는 사람이 신뢰감이 없을 경우 긍정적 피드백이든 건설적 피드백이든 그것을 온전히 받아들일 확률은 떨어진다. 신뢰하지 않는 사람의 말을 누가 전적으로 믿겠는가? 리더이기 때문에 갖는 영향력의 피드백이 아니라 구성원들이 진심으로 피드백에 감사하고 변화할 수 있도록 신뢰감을 먼저 얻는 것이 중요하다.

미래의 성장을 위한 피드포워드

중요한 일을 앞두고 준비하는 과정에서 리더가 미리 의견을 준다면 어떨까? 일을 진행한 후에 받는 피드백(Feedback)은 다음번 일을 할 때 도움이 되겠지만 이미 지나간 일을 바꿀 수는 없다. 하지만 일을 진행하기 전에 오류를 예측하고 행하는 피드백 과정인 피드포워드(Feedfoward)는 미래를 대비하는 해결책이 될 수 있다.

─────── 미래를 대비하는 해결책, 피드포워드

세계 최고의 경영컨설턴트 마샬 골드 스미스 박사는 "피드포워드는 어떤 사안이나 문제에 대해 미래지향적인 아이디어나 대안을 제공하는 것이 중요하다. 수많은 가능성을 열어 두고, 다양한 아이디어를 함께 듣는 것을 목표로 한다. 피드포워드는 그래서 아직 일어나지 않은, 실행 가능한, 변화 가능한 미래의 일을 중심에 두어야 한다. 피드백이 과거의 실패에 대한 기억을 강화한다면, 피드포워드는 미래의 변화 가능성에 대한 생각과 의지를 강화시킨다.”고 말한다. 이처럼 피드포워드의 핵심전제는 첫째, 과거는 언급하지 않기, 둘째는 판단 없이 열린 마음으로 상대 제안을 경청하기이다.

피드백은 과거의 일을 기반으로 하는 것이고, 피드포워드는 미래에 일어날 일을 기반으로 하는 것이다. 피드백은 주는 사람이 주체가 되지만, 피드포워드는 피드백을 구하는 사람이 주체가 되는 차이가 있다. 따라서 피드백은 격식을 따져야 하지만, 피드포워드는 격식에 얽매이지 않는다. 피드백은 필요할 때만 하지만, 피드포워드는 항상 진행되는 성격이 있다.

피드포워드	피드백
미래의 일어날 일을 기반으로 함	과거의 일을 기반으로 함
피드백을 구하는 사람이 주체가 됨	피드백을 주는 사람이 주체가 됨
격식에 얽매이지 않음	격식을 따짐
항상 진행됨	항상 진행되지는 않음

피드백과 피드포워드는 질문에 대한 방향이 다르다. 피드백은 ‘어떤 일이 일어났지요?’ ‘기대했던 결과와 어떤 차이가 있나요?’ ‘일을 통해 무엇을 배웠나요’와 같이 과거의 결과에 대해 질문하며 개선을

위한 목적을 가지고 있다. 그러나 피드포워드는 '이 일을 개선하기 위해 어떤 일을 해볼 건가요?' '그 일을 하는 데 있어 내가 지원해 줘야 할 것은 무엇이 있을까요?'와 같이 미래에 해야 할 일들에 대한 질문을 한다.

이처럼 피드포워드는 듣는 사람의 강점에 집중하고 미래의 가능성에 집중한다. 지속적으로 상황을 묻고 방향을 함께 논의하기 때문에 위기를 기회로 바꿀 수 있는 계기가 되기도 한다. 또 피드포워드는 일을 실행하기 전에 하는 것이기 때문에 사후에 일어날 부정적 피드백을 줄일 수 있고, 발생할 수 있는 작은 실수들도 줄일 수 있다. 우리가 일을 하면서 계속적으로 피드백을 하는 것도 결국은 실수를 줄이기 위함이다. 시간이 들더라도 충분히 소통하고 피드백하는 문화를 갖는다면 구성원이 성장하는 데 큰 도움이 될 것이다.

─────── **피드포워드를 위한 5가지 팁**

피드포워드는 구성원의 성장과 개선에 집중하는 것이기 때문에 개방적이고 긍정적인 말을 사용하는 것이 특징이다.

1) 미래에 해야 할 일에 대해 성장 가능성과 함께 방향에 대해 구체적으로 설명해 주고, 중간 단계마다 잘하고 있는지 지속적으로 체크한다.
2) 부정적인 대화는 하지 않고 긍정적인 대화를 유지한다. 개선이 필요한 말이라도 성장에 도움이 될 수 있는 미래지향적인 대

화를 한다.

3) 구성원이 스스로 깨닫고 받아들일 수 있는 정도의 수준을 맞추고, 질문을 통해 어려운 점들을 계속적으로 경청하고 지원한다.

4) 구성원이 목표를 단계적으로 실천할 수 있도록 도와주고, 스스로 성취감을 통해 성장할 수 있도록 북돋아준다.

5) 지금부터 미래에 해야 할 일이 잘되는 것이 중요하다. 성장 가능성에 중심을 두고 끊임없이 과정을 관리해야 한다.

피드포워드를 통해 구성원을 미래지향적인 변화로 유도하고 성장할 수 있는 계기를 마련할 수 있다.

PART
5

말하기

제대로 말해야
통한다

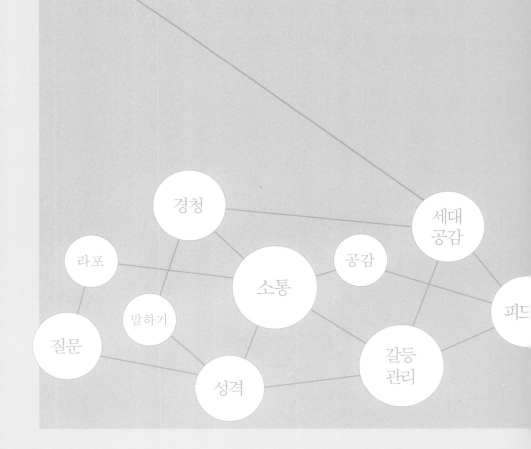

경청

라포

세대
공감

공감

소통

피드

말하기

질문

성격

갈등
관리

상대방과의 소통은 상대를 배려하는 마음에서 시작된다. 그래서 자신만의 방식으로 말을 하는 것은 좋은 소통법이 아니다. 말은 신중해야 하기도 하지만 상대방의 감정을 잘 보듬으면서 말할 때 서로 교감하고 있다고 느끼기 때문이다. 다양한 말하기의 방법 중에서 비폭력대화, I-Message, PREP의 3가지 방법을 통해 자신이 어떻게 말하고 있는지 확인해 보고, 타인과 훌륭하게 소통할 수 있는 지혜를 얻었으면 한다.

감정을 배려하며 말하는 방법, 비폭력대화

비폭력대화(NVC, NonViolent Communication)로 유명한 마셜 로젠버그는 '말하기'를 연민의 대화, 삶의 언어라고 불렀다. 그리고 '비폭력대화'란 간디의 아힘사(ahimsa) 정신에서 나온 것으로, 우리 마음 안에서 폭력이 가라앉고 우리의 본성인 연민으로 돌아간 자연스러운 상태를 말한다.

로젠버그는 우리가 대화할 때 쓰는 말과 말하는 방법이 얼마나 중요한지를 깨닫고 비폭력대화에 대해 연구했다. 비폭력대화의 핵심은 '공감능력'이다. 사람들은 대화를 할 때 먼저 자신과 자신의 분노, 욕구를 알아야 한다. 공감은 그 첫 단계이자 가장 중요한 단계라고 할 수 있다.

공감의 대화는 듣기 힘든 말을 들었을 때 안으로는 자신의 느낌과 욕구에 의식의 초점을 맞추고 자기공감으로 내면의 평안을 찾는다. 밖으로는 누군가에게 말할 때 자신의 느낌과 욕구에 의식의 초점을 맞추고 상대방의 느낌과 욕구를 인식한다. 반면 비난의 대화

'비폭력대화(NVC)'는 우리 마음 안에서 폭력이 가라앉고 자연스러운 본성인 연민으로 돌아간 상태를 가리켜 말하는 것이다.

는 안으로는 상대방의 말을 그대로 받아들여 그 말의 책임이 본인에게 있다고 생각하여 자신을 비난하거나 탓하면서 변명하거나 피한다. 밖으로는 상대방의 말을 공격으로 받아들여 반격하고 비난에 초점을 맞추고 상황의 모든 책임을 상대의 탓으로 돌리며 폭력을 정당화한다.

따라서 우리는 '내 마음을 알고 상대의 마음을 알아주며 상처 주지 않는 대화법'인 공감의 대화를 해야 한다. 상대방과 말할 때는 상대를 비난하거나 비판하지 않으면서 자기 마음 안의 움직임을 관찰·느낌·욕구·부탁을 바탕으로 솔직하게 표현하고, 상대방의 이야기를 들을 때는 자신의 생각·선입견·기대·가정·조언 등을 하거나 가르치려는 충동을 절제하고 상대가 경험하고 있는 관찰·느낌·욕구·부탁을 공감으로 들어야 한다.

이처럼 로젠버그의 비폭력대화 모델은 관찰(observation), 느낌(feeling), 욕구(need), 부탁(request)의 4가지로 구성된다.

- 관찰(observation) : 있는 그대로 보고 듣는 것이다
- 느낌(feeling) : 우리의 몸과 마음에서 일어나는 반응이다
- 욕구(need) : 느낌의 원인을 알아차리는 것이다

• 부탁(request) : 상대방에게 연결을 시도하는 것이다

─────── 관찰 : 있는 그대로 보고 듣는 것이다

인도의 작가이자 강연가인 지두 크리슈나무르티는 "평가가 들어가지 않은 관찰은 인간 지성의 최고 형태이다."라고 말한다. 즉, 사람을 평가하지 말고 관찰하는 것이 중요하다는 것이다. 사람들은 자신만의 프레임으로 타인을 평가한다. 그러나 비폭력대화는 사람의 감정이나 생각을 평가하지 않고 관찰하는 것이다. 상대방의 행동을 보고 내가 알고 있는 사실(fact)을 기반으로 확인하고 알아차리는 것이다. 이것은 평가와는 구분되는데, 평가는 내가 상대방의 행동을 봤을 때 그것이 좋은지 나쁜지 등을 내가 느끼기 때문에 나의 의견과 감정이 개입하게 된다.

• 관찰은 우리의 느낌을 객관적이고 구체적으로 묘사하는 것이다.
• 관찰은 사람들의 판단, 추리, 의견, 생각, 추측 등의 평가를 하지 않고 우리가 보고 들은 그대로의 사실을 표현하는 것이다.
• 말을 할 때 관찰과 평가를 섞으면 상대방은 나의 말에 거부감을 가지게 된다.
• 평가를 하게 되면 듣는 사람도 불편하지만 말하는 사람에게도 부정적인 영향이 미친다.
• 관찰은 상대방을 비난하려는 의도가 없다. 상황에서 느끼는 감

정은 느낌에서 충분히 표현된다.

- 평가는 일종의 꼬리표와 같다. 상대방에게 꼬리표를 붙이면 서로 불편한 관계가 된다.
- 관찰은 추상적인 것이 아니라 카메라로 사진을 찍듯이 있는 그대로를 보는 것이다.
- 상대가 한 말을 그대로 인용하는 것은 관찰이다.

평가와 관찰의 말을 살펴보면 '그는 직원들의 능력을 인정하지 않는다'는 평가이다. 관찰은 '그는 직원들의 능력을 평가하는데 본인만의 기준이 있다'라고 해야 한다. '내 상사는 항상 의사결정을 질질 끌어. 정말 우유부단해서 죽을 지경이야'는 판단이고, '내 상사는 내 일이 의사결정 기한인데, 아직까지 결정을 못 내리고 있어'는 관찰이다.

관찰은 평가나 판단이 아닌, 있는 그대로를 보는 것이다. 공감의 대화는 일단 평가나 판단이 아니라 관찰하는 것부터 시작해야 한다.

─────── **느낌 : 우리의 몸과 마음에서 일어나는 반응이다**

내가 관찰한 것이 나의 느낌으로 어떻게 느껴졌는지 알아야 한다. 서운한지, 화가 났는지, 슬펐는지 등이 느낌이라고 할 수 있다. 이것은 내가 생각한 것과는 구분되어야 하는데, 생각은 느낌을 온전히 표현할 수 없고 내가 떠올린 표현이기 때문이다.

- 느낌이란 외부나 내부의 자극에 대해 우리 몸과 마음에서 일어나는 반응이다. 느낌은 우리에게 필요한 것을 알려주는 경보기 같은 것으로, 욕구가 충족되었는지 아닌지에 대한 상태를 알려주기도 한다.
- 자신의 느낌을 명확하고 솔직하게 표현할 수 있을 때 우리는 다른 사람과 원만한 정서적 유대관계를 좀 더 쉽게 유지할 수 있다.
- 느낌을 표현할 때 생각이 섞인 말을 하면 내 느낌의 책임을 상대에게 미루는 것이다. 판단이나 평가가 섞인 말은 그 안에 있는 진정한 느낌을 찾아 표현하는 것이 중요하다.

느낌을 표현할 때 '나는 내가 마치 동네북 같이 느껴져'라고 말하는 것은 내가 생각한 것이다. '나는 억울하다' '나는 속상하다' '나는 울화가 치민다'와 같이 말하는 것이 정확한 느낌 표현이다. '네가 나를 좋아하지 않는 것처럼 느껴져'는 나의 생각이고, '너에게서 연락이 안 오면 나는 불안해'라고 말하는 것이 느낌이다.

──────── 욕구 : 느낌의 원인을 알아차리는 것이다

내가 느꼈던 것의 욕구가 무엇인지 정확히 알아야 상대방에게 나의 니즈를 설명할 수 있다. 겉으로 보이는 행동이나 태도만 가지고 판단한다면 그 사람이 가진 욕구를 파악할 수 없다. 그래서 내면에 깊숙이 있는 욕구를 제대로 이해해야 공감의 대화를 할 수 있다.

예를 들어 회사 동기가 "오늘 있을 프레젠테이션 자료를 준비하느라 새벽 4시까지 잠을 못 잤어. 2시간 자고 일어나 출근했는데 지금 머리가 깨질 것처럼 아프네."라고 말했다면 어떻게 공감대화를 해야 할까?

먼저 상대방이 어떤 욕구를 가지고 이런 이야기를 했는지 파악하는 것이 중요하다. 이런 상황에서 "그건 아마 네가 중요한 일을 앞두고 있을 때 많이 긴장하기 때문이거나 아니면 수면부족, 카페인 과다 섭취가 한꺼번에 작용한 탓일 거야."라고 말한다면 지적을 한 것이다. "어떤 느낌인지 알아. 중요한 발표를 앞두고 있는 순간에 이런 두통에 시달리는 건 정말 괴로운 일이야."라고 말한다면 이건 동정하는 것이다. "여기 얼음주머니라도 대고 잠시라도 쉬어. 그럼 괜찮아질 거야."라고 말한다면 조언을 하는 것이다.

"오늘 발표를 좋은 컨디션으로 하고 싶어서 노력했는데 지금 잠을 못 자서 많이 힘든 거지?"라고 말하는 것이 상대방의 욕구를 잘 파악한 공감의 말이다. 이처럼 상대방의 욕구를 잘 파악해 말하게 되면 우리는 타인의 감정을 이해해 주는 공감대화를 할 수 있다.

───────── **부탁 : 상대방에게 연결을 시도하는 것이다**

부탁은 다른 사람이 해주길 바라는 표현이다. 부탁을 할 때는 구체적이고 긍정적이면서 의문형으로 해야 한다. 서로 연결을 하거나 행동을 부탁할 때는 강요와 구분해야 한다. 내가 상대방을 배려하면서 이야기하는 것이 부탁이라면, 강요는 내가 상대방을 억압하며 강제하는 것이다. 부탁하면서 상대방이 꼭 들어주어야 한다고 생각하는 것, 상대방이 거절했을 때 마음이 상하는 것, 거절하면 비난이나 처벌이 있을 것이라고 생각되는 것은 부탁이 아닌 강요이다.

부탁은 연결부탁과 행동부탁이 있다. 연결부탁은 '제가 이렇게 들었는데 말씀하신 것과 일치하나요?' '제 설명이 도움이 되셨나요?' '이 내용에 대해 어떻게 생각하세요?'처럼 연결해서 부탁하는 것이다.

행동부탁은 구체적, 긍정적, 의문형으로 부탁하는 것이다. '다음 주 화요일 미팅 어때?' '10분만 기다려 줄래?'와 같이 구체적으로 말하고, '오늘 시간 약속 꼭 지켜 줄래?' '이 사실은 꼭 너만 알고 있어 줄래?'와 같이 긍정적으로 말하며, '그 내용 좀 알려줄래?' '블루투스 스피커 볼륨이 너무 큰데 소리를 조금만 낮춰 줄래?'와 같이 의문형으로 부탁하는 것이다.

──────── 비폭력대화로 말하는 공감대화법

비폭력대화는 상대방의 입장에서 생각하고, 공감하려고 노력하면서 자신의 느낌과 욕구를 명확하게 표현하는 공감대화법이다.

그럼 팀장이 팀원에게 비폭력대화로 말하는 방법을 살펴보자.

팀장이 지나가면서 보니 임 사원이 모니터에 창을 여러 개 띄어 놓고 일하는 척하면서 인터넷 쇼핑을 하고 있었다. 당장 불러서 혼을 내고 싶었지만 비폭력대화인 공감대화를 하기로 결심하고 퇴근 무렵에 불러 다음과 같이 말한다.

- 관찰 : 임 사원, 오후에 보니까 일을 하면서 모니터에 여러 개의 창을 띄어 놓고 화면을 바꿔가며 인터넷 쇼핑을 하고 있더군요.
- 느낌 : 지금 해야 할 일도 많은데, 다른 것에 신경 쓰고 있는 것을 보니 내 마음이 조금 서운하기도 하고 조급해지는군요.
- 욕구 : 이번 주까지 우리 프로젝트를 완성하려면 지금 하고 있는 일에 조금 더 몰입해 주는 것이 좋을 것 같아요.
- 부탁 : (연결부탁) 임 사원은 내 말에 대해 어떻게 생각해요?
  (행동부탁) 업무시간에는 개인적인 일 말고, 우리 프로젝트에만 몰두해 줄 수 있을까요?

또 하나의 사례를 보자. 오 책임은 오전에 이 선임의 보고서를 보고 일을 무책임하게 한다고 화를 내었다. 그런데 사실 구체적으로 내용을 확인하지 않고 일부 실수한 부분만 가지고 화를 낸 것이었다. 그 상황에 당황한 이 선임이 오 책임에게 비폭력대화로 답을 했다.

- 관찰 : 오 책임님. 오전에 저에게 이번 프로젝트에서 무책임하다고 말씀하셨잖아요?
- 느낌 : 그때 저는 무척 서운함을 느꼈습니다.
- 욕구 : 왜냐하면 저는 이번 프로젝트에 정말 최선을 다했거든요. 책임님이 오해한 소소한 실수가 있긴 했지만 그것은 바로 수정할 수 있는 간단한 것이라고 생각합니다. 제가 마감을 지키

려고 며칠 동안 밤을 새면서 작업한 노력이 물거품이 된 것 같아 너무 힘들었습니다.

- 부탁 : (연결부탁) 다음부터는 모든 것을 구체적으로 확인하고 저에게 이야기해 주시면 안 될까요?

    (행동부탁) 다음에 피드백 주실 때는 구체적으로 확인하고, 화를 내는 대신 개선해야 할 것에 대해 피드백 주시면 안 될까요?

이렇게 말하는 것이 비폭력대화 모델로 말하는 것이다. 상대방을 관찰하고 나의 느낌을 전달하여 욕구를 표현하고 행동까지 부탁하는 말하기, 논리적이지만 상대방의 감정을 다치게 하지 않으면서 말하는 방법이다.

비폭력대화는 공감의 대화법이다. 상대방을 비난하지 않으면서 나의 느낌을 충분히 설명하고 욕구를 표현함으로써 상대방이 행동하게 할 수 있는 대화법이다. 비폭력대화의 핵심은 타인을 중심으로 말하는 것이다. 물론 조직에서 일을 할 때 공감의 대화법이 쉽지는 않겠지만 4단계 프로세스를 반복해서 노력하면 잘할 수 있다. 자기인식을 통해 나를 돌아보고 안 되더라도 반복적으로 노력하는 마인드셋이 세팅되면 비폭력대화는 나에게 가장 적합한 말하기가 될 것이다.

공감하며 말하는 방법, I-Message

I-Message와 You-Message의 차이는 주어가 다르다는 것이다. I-Message는 '나'를 주어로 감정과 생각을 솔직하게 말하며, 상대방을 배려하고 설득하는 것이다. 반면에 You-Message는 '너'를 주어로 상대방이 행동한 것에 대해 비판적인 표현을 하게 된다.

─────── I-Message와 You-Message

I-Message는 진정한 나를 표현하기 때문에 개방적이고 솔직한 인상을 주면서 상대방을 이해시킬 수 있고 협력적인 분위기를 만들 수 있는 반면, You-Message는 상대방을 중심으로 하기 때문에 상처를 줄 수 있고 일방적이고 공격적이어서 상대방에게 저항감을 갖게 한다. 특히 You-Message는 상대방을 비난한다는 점에서 '폭력적인 말하기'라고 할 수 있다.

"이 사원, 일을 그렇게밖에 하지 못하나?"

"박 과장, 지금 몇 시인데 이제 출근해! 최소한 30분 전에는 출근해야 하는 거 아냐?"

"김 대리, 기획서 보고시간이 언제인데 아직까지 보고 안하고 있어?"

이렇게 상대방을 무시하면서 폭력적으로 말을 하는 것이 You-Message이다.

	I-Message	You-Message
방식	– '나' 자신을 주어로 나의 감정과 생각을 솔직하게 표현하는 말하기다.	– '너'를 주어로 상대방의 행동이나 태도에 평가나 비판적인 표현을 하는 것이다.
효과	– 개방적이고 솔직한 인상을 준다. – 서로를 이해할 수 있다. – 협력적인 분위기를 만들어 준다.	– 상대에게 상처를 줄 수 있다. – 일방적 강요·공격의 느낌이다. – 상대방의 저항적 태도를 형성한다.

그럼, 상황별로 메시지의 사례를 보도록 하자.

팀장의 입장에서 김 대리의 일처리가 늦어지고 있다. 김 대리에게 말을 해야 하는데, I-Message와 You-Message로 하게 되면 어떻게 되는지 확인해 보자.

- I-Message : 김 대리, 지난주에 부탁한 보고서가 좀 늦어져 걱정이 되는군. 혹시 내가 도와줄 거라도 있나?
- You-Message : 김 대리, 지난주에 준 보고서 왜 아직도 안 오지? 왜 맨날 이 모양이야….

두 사례를 보면 I-Message로 이야기한 팀장은 자신의 감정과 생각을 솔직하게 말하면서 걱정이 된다는 느낌을 전달했다. 그러나 You-Message 방식으로 이야기한 팀장은 상대방을 비난하면서 일을 제때 못한 것을 공격하며 상처 주는 말을 하고 있다.

우리가 말을 할 때는 '나'를 주어로 해서 상대방의 관점으로 해야 한다. 그것이 상대를 배려하면서 원활한 소통이 되는 비결이기 때문이다.

▶ You-Message 소통의 비효과적인 사례

일방적으로 해결책을 제시하는 말투	명령 · 지시 · 요구하는 말투	내일 아침까지는 무슨 일이 있어도 반드시 해내게!
	경고 · 위협하는 말투	김 대리, 내 말대로 하는 게 좋을거야. 안 그러면 어떻게 되는지 김 대리도 알지?
	충고하거나 논리적으로 설득하는 경우	김 과장이 오 대리 입사 선배니까 모범을 보이고 더 잘해 줬으면 좋겠어.
심리적으로 좌절감을 불러 일으키는 말투	비난 · 우롱하는 말투	대학원까지 졸업했으면서 그 정도밖에 실력이 안 되나?
	심리 · 분석진단의 말투	내가 한 말에 그렇게 상처를 받다니, 자네 성격이 너무 예민한 거 아닌가?
	비교하는 말투	최 대리는 일을 지시하면 깔끔하게 잘 처리해서 가져오는데, 오 대리는 일처리가 왜 이 모양인가?

You-Message는 상대방에게 심리적인 좌절감을 주기 때문에 상사가 전달하고자 했던 메시지가 제대로 전달되지 못하고 업무효율이 떨어진다. 결국 소통이 안 되는 상황이 발생하게 된다. 그럼 You-Message를 어떻게 I-Message로 바꿔야 할까?

- You-Message : 이 과장, 내가 일을 할 때 하나하나 다 설명을 해줘야 이해하겠나?
- I-Message : 이 과장, 스스로 자율적으로 일을 처리했으면 하는데, 내가 좀 도와줘도 될까?
- You-Message : 김 주임, 도대체 지금이 몇 시인데 이제 출근하는 거야, 정신 안 차리겠나?
- I-Message : 김 주임, 이렇게 지각을 하게 되면 우리 팀의 분위기에 영향을 주기 때문에 나와 팀원들이 좀 불편한데, 노력 좀 해주지.

우리가 말을 할 때 I-Message를 쓰려고 노력하고 부단히 연습한다면 모든 상황에서 I-Message를 쓸 수 있을 것이다. 소통이 제대로 되지 않는다면 결국 부단한 연습을 통해 노력해야 한다.

───────── I-Message 표현 스킬

I-Message를 제대로 표현하기 위해서는 어떻게 해야 할까? 다음 프로세스에 따라 말을 하면 I-Message를 잘 표현할 수 있다.

- 나는 ~~할 때 (상황/행동)
- ~~라는 느낌이 듭니다 (감정)
- 왜냐하면 ~~ (이유)
- 그래서 말인데요 ~~ (조치/희망행동)

다음은 I-Message를 활용해 상사가 후배직원에게 말하는 스킬이다.

- 박 대리가 월간 실적 보고자료를 나에게 늦게 줄 때마다 (상황/행동)
- 상사로서 조금 무시당한다는 느낌이 드네. (감정)
- 왜냐하면 내 보고서도 늦어지고 상사에게 체면도 안 서거든. (이유)
- 그러니 월 마감시한을 맞출 수 있는 방법을 찾아봐야겠는데…. 일정을 서로 협의할 수 있을까?" (조치/희망행동)

다음은 I-Message를 활용해 신입사원이 상사에게 말하는 스킬이다.

- 대리님! 대리님이 저에게 아무런 설명도 안 해주시고 일을 시키는 경우가 가끔 있는데요. (상황/행동)
- 바쁘시기 때문이라고 이해는 되지만 조금 당황스러울 때가 있습니다. (감정)
- 제가 아직은 신입사원이고 해서 모르는 것이 너무 많아서요. (이유)
- 그러니 업무지시를 하실 때 조금만 더 자세히 설명해 주시면 정말 좋을 것 같습니다. 부탁드립니다. 대리님." (조치/희망행동)

이렇게 말하면 선배가 신입사원의 마음을 잘 이해하고 앞으로 더 잘해 줄 것이다. 그러나 다음과 같이 You-Message로 말을 한다면 해주고 싶은 것도 해주기 싫을 것이다.

"대리님! 전 신입사원이거든요. 이렇게 설명도 없이 막 일을 주시면 어떻게 해요. 대리님도 신입사원 시절이 있었을 텐데 그때 생각 좀 해주세요. 저 정말 힘듭니다."

커뮤니케이션은 결국 연습이다. 말을 할 때 최대한 I-Message를 사용하려고 노력하고, 꾸준히 연습을 해서 습관적으로 나올 수 있도록 해야 한다. 만약 지금까지 You-Message로 이야기했다면 다음부터는 절대로 쓰지 않도록 해야 한다. 자신의 중심에서 벗어나 타인을 중심으로 말을 하는 습관을 키우는 것만이 효과적으로 말하는 유일한 방법이다.

논리적으로 말하는 방법, PREP

상사에게 업무보고를 할 때 가장 많이 사용하는 논리적 말하기가 PREP 기법이다. 업무 현장에서 논리적으로 말하는 것은 상대방을 설득할 수 있는 가장 중요한 무기가 된다.

──────── 상대를 설득하는 말하기 기법, PREP

나의 주장에 대해 근거를 가지고, 상대방을 이해시키고 설득시키면 훌륭한 말하기가 된다. 특히 상사에게 보고를 하거나 동료들을 설득할 때 논리적으로 말하는 방법 중 하나가 PREP 기법이다.

PREP는 Point-Reason-Example-Point의 약자로, 보고를 하거나 설득을 할 때 논리적으로 요점을 말하고, 그 요점에 대한 이유를 설명하고, 사례와 근거를 들어 다시 결론을 말하는 방식으로 진행된다. PREP 공식을 사용하면 내가 말하고 싶은 결론의 이유와 근거가

Point(결론)	요점, 주장, 결론
Reason(이유)	그 이유
Example(사례)	사례, 데이터
Point(결론)	결론 요약, 요점 반복, 참고사항

명확하기 때문에 상대방은 이야기를 들으며 논리적으로 수긍하게 된다.

- Point(결론) : 주어진 질문에 대한 답을 먼저 말한다.
- Reason(이유) : 시간에 따라 적절한 분량의 이유를 제시하고, 주장의 이유를 말한다.
- Example(사례) : 가급적 생생하고 구체적이며 친근한 사례를 찾는다. 논리의 영역을 명확하게 설명할 수 있는 사례나 증거를 제시하면 좋다. 시간 여유가 있으면 길게 설명하고 시간이 없으면 짧게 설명하면 된다.
- Point(결론) : 앞에서 내린 결론과 키워드는 같게 하되 표현은 달리하는 것이 좋다.

─────── Point(결론)

우리는 보고를 할 때 결론부터 말해야 한다. 물론 상사의 스타일에 따라 조금씩 다르긴 하지만 대부분의 상사들은 결론부터 먼저 듣기를 원한다. 해야 되는지, 말아야 되는지, 어떻게 해야 하는지에 대한 의사결정을 위해서는 명확한 결론(Point)이 우선되어야 한다.

비즈니스 화법의 원칙은 요점부터 말하는 것이다. 요점을 말함에 있어 듣고 싶은 핵심이 가장 먼저 귀에 들어올 수 있도록 명확하고 간결하게 결론부터 이야기해야 한다. 예를 들어 표현하면 다음과 같다.

- 저는 ∼∼입니다. (찬성이나, 반대 의견 등을 표현할 때)
- 저는 ∼∼하는 편이 좋다고 생각합니다. (∼∼을 권해 드립니다. ∼∼해야 한다고 생각합니다 등)
- 결론부터 말씀드리면 ∼∼입니다.
- 제가 여기에서 말씀드리고 싶은 것은 ∼∼입니다.
- 여기에서 가장 중요한 것은 ∼∼입니다.

─────── Reason(이유)

'이유는 이렇다'가 논리의 핵심이다. 결론을 뒷받침하는 이유를 이야기해야 한다. '왜' 이런 결론이 나왔는지에 대한 논리적인 이유를 밝히는 것이 중요하다. 논리의 설득력 여부는 '왜?'에 적절하게 대답할 수 있느냐에 달려있다. 그리고 이유를 이야기할 때 논리는 큰 덩어리에서 작은 덩어리로 쪼개가면서 설명하는 것이 좋기 때문에 전체적인 것부터 설명하고 개별적인 것을 세부적으로 설명하는 것이 좋다. 예를 들어 표현하면 다음과 같다.

- 왜냐하면 ~~이기 때문입니다.
- 그것은 ~~이기 때문입니다.
- 그 이유는 ~~입니다.
- 그것은 ~~라는 이유에 의합니다.

───── Example(사례)

상대방을 설득할 때는 이유에 대한 명확한 설명이 필요하다. '사례'는 데이터·사실·증거 등으로 이유를 보충하여 결론의 정당성을 지원하는 것이다. 사례 부분이 탄탄하면 이유를 확실하게 해주는 백업 역할을 해주기 때문에 객관성이 높아져 신뢰를 얻기 쉽다. 예를 들어 표현하면 다음과 같다.

- 예를 들면 ~~
- 구체적으로 말씀을 드리면 ~~
- ~~의 경우를 보면
- 이것은 ~~의 경우입니다만
- 만약 ~~라고 합시다. 그러면 여기에서 ~~
- 그런데 여기서 ~~에 대해 생각해 봅시다.

결론은 확실한 전달과 설득의 마침표이다. 앞에서 설명한 결론과 이유, 사례를 거쳐 최종적으로 나의 결론에 방점을 찍는 것이다. 그래서 처음과 끝의 공통성 있는 내용 반복이 PREP 말하기의 핵심이자 원천이다. 말하기를 할 때 반복을 하게 되면 듣는 사람의 기억이 촉진되고, 핵심에 대해 확정할 수 있으며, 듣는 사람이 쉽게 이해되는 장점이 있다. 예를 들어 표현하면 다음과 같다.

- 이상과 같은 점에서 ~~
- 결론적으로 ~~
- 다시 말씀드립니다만 ~~
- 마지막으로 말씀드리고 싶은 것은 ~~
- 이렇게 되었으니 여러분이 ~~해 주셨으면 합니다.
- 꼭 ~~ 했으면 합니다.

이처럼 PREP 프로세스로 말을 하면 말하는 사람의 이야기 과정과 듣는 사람의 이해과정이 일치하기 때문에 정보를 쉽게 공유할 수 있다.

PREP 사례 1) 상대를 제압하며 논리적으로 말할 때

사람들이 아몬드를 좋아하는 이유를 PREP 공식에 맞춰 다음과 같이 논리적으로 말하면 사람들은 설득될 것이다.

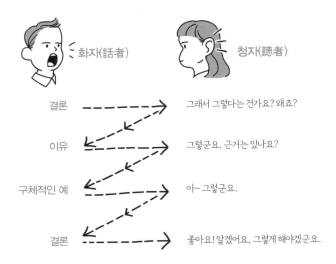

화자(話者)　청자(聽者)

결론 - - - - - - - - → 그래서 그렇다는 건가요? 왜죠?

이유 ← - - - - - - - 그렇군요. 근거는 있나요?

구체적인 예 ← - - - - - - - → 아~ 그렇군요.

결론 ← - - - - - - - → 좋아요! 알겠어요. 그렇게 해야겠군요.

- Point(결론) : 많은 사람들이 아몬드를 좋아한다.

- Reason(이유) : 왜냐하면 아몬드는 건강에 좋기 때문이다.

- Example(사례) : 타임지에서는 세계 10대 슈퍼푸드의 하나로 아몬드를 선정했다. 아몬드에는 오메가3와 불포화지방산인 올레인산이 풍부하게 함유되어 있어 치매 예방에 좋고 어린이들의 두뇌발달에 효과적이다. 더불어 뼈 건강, 노화방지, 빈혈에도 좋다고 한다. 각종 영양소가 많이 들어 있어 건강 증진에 매우 훌륭한 식품이다.

- Point(결론) : 그래서 사람들은 건강에 유익한 아몬드를 좋아하는 것이다.

PREP 사례 2) 조직에서 회의를 할 때

다음은 근거가 명확한 데이터를 통해 논리적으로 말한 사례다. 이처럼 자신의 결론을 뒷받침할 합당한 근거와 자료가 있을 때 타인을 잘 설득할 수 있다.

- Point(결론) : 팀장님, 회의문화를 개선해야 회사의 업무효율을 높일 수 있습니다.
- Reason(이유) : 이번에 조직문화 개선을 위해 조직진단 서베이를 했는데, 불필요한 회의가 업무효율성을 떨어뜨린다는 의견이 많았습니다.
- Example(사례) : 서베이 결과 '필요 없는 회의가 많다'는 응답이 80%, '회의시간이 너무 길다'가 90% 응답이 나왔습니다. 주관식 의견으로는 '회의만 줄여도 업무시간에 일을 더 잘할 수 있다'는 의견이 다수였습니다.
- Point(결론) : 그래서 회의문화를 개선해야 합니다. 필요 없는 회의는 줄이고 시간도 제한해서 업무 중에 낭비되는 시간을 줄이는 것이 좋을 것 같습니다.

PART 6

질문

생각을 확장하는
솔루션

내가 원하는 것을 얻기 위해서는 질문
을 해야 한다. 질문은 타인의 생각을 열어주고 무엇을 해야 할지
에 대한 정리를 해준다. 탁월한 질문은 문제를 해결하기도 하며
미처 알지 못했던 결과를 주기도 한다. 끊임없는 질문은 호기심을
자극하여 새로운 창조물을 만들기도 하며 타인과의 관계를 밀접
하게 만들어 주기도 한다.
알고 싶으면 물어보면 된다. 개방적이고 긍정적이며 미래지향적
인 질문은 타인과 나를 좀 더 가깝게 만들어 줄 것이다.

질문은 진정한 소통의 도구다

과거 우리나라에서 열린 아셈회의에서 황당한 일이 벌어졌다. 오바마 대통령이 연설을 끝내고 질문을 받는 시간이었다. 한국에서 열린 행사이기에 특별히 한국 기자들에게 한 가지 질문을 받겠다고 요청했다. 그런데 여러 번 질문을 요청했는데도 행사장에 있던 수많은 한국 기자들은 질문을 하지 않았다. 결국 중국 기자가 아시아를 대표해 질문하겠다고 손을 들고 질문을 했다. 한국 기자에게 여러 번 기회를 줬는데도 왜 질문을 하지 못했을까? 그 상황을 보고 여러 가지 복잡한 생각이 들었다. 기자라는 직업은 특성상 우수한 인재들이 입사하는데 설마 영어가 두려워서 침묵했을까? 유학파도 많고 영어를 잘하는 기자도 충분히 많았을 것이다. 그러나 우리나라 기자들은 질문을 하지 못했다. 이유는 무엇일까?

어렸을 때부터 질문하는 습관을 기르지 못했기 때문이다. 우리의 과거 학습방식은 일방적인 주입식 교육이었다. 누군가 질문을 하면 귀찮아하거나 시간을 낭비한다고 생각했다. 그래서 모르는 것이 있어도 그냥 넘어가고 혼자 해결하거나 학원 선생님에게 물어보는 식의 교육이 지속되어 왔다. 그래서 한국 교실은 질문이 없는 교실, 침묵하며 듣기만 하는 교실이 된 것이다. 그런 교육시스템이 이러한 황당한 에피소드를 만들어 냈다.

─────── 질문하는 문화가 만들어 낸 노벨상의 민족

인구가 1,500만 명밖에 되지 않는 유대인들을 보자. 유대인들의 인구는 전 세계 인구의 0.2%밖에 되지 않지만 전체 노벨상의 20% 이상을 받았다. 유대인이 유달리 똑똑한 인종이라서 이런 걸까? 유대인들은 학교에서 질문을 많이 하는 것이 가장 큰 교육적 덕목이라고 한다. 그래서 학생들에게 질문을 많이 하게 하는 선생님이 가장 유능한 선생님으로 평가받는다. 또 아이들이 집으로 돌아왔을 때 부모님이 아이들에게 묻는 것도 우리나라처럼 "너 시험 잘 봤어?"가 아니라 "오늘은 무슨 질문했어?"라는 것이다. 그만큼 유대인들은 질문이 교육에서 가장 중요하다고 생각한다. 결국 '이것은 왜 이럴까?' '저것은 왜 저럴까?'라는 질문으로 교육을 받은 유대인들은 성인이 되어 20%가 넘는 노벨상을 받는다.

유대인들이 경전을 공부하는 하브루타라는 교육방식은 계속해서 질문을 하고 답을 하는 과정에서 통찰을 얻는 방식으로 진행된다. 그들은 책을 읽으면서 학습하는 것이 아니라 두 명 또는 그룹으로

짝을 이루어 계속적으로 이론에 대해 이야기하고 토론하면서 스스로 학습한다. 내가 알고 있는 것을 말할 수 없다면 그것은 지식이 아니라고 생각하는 이런 하브루타 교육방식이 전 세계의 경제와 정치를 휩쓸고 있는 유대인의 집단지성이 아닐까 싶다.

──────── 내면의 목소리를 깨우는 질문

워싱턴주립대학교 스펜겐버그 교수가 연구한 자기결정이론에 대한 흥미로운 실험이 있다. 다이어트가 필요한 두 사람에게 의사가 정밀하게 검사를 했다. 그리고 나서 한 명의 실험자에게는 3개월 동안 매주 3회 2시간씩 운동을 해야 하며 고기를 줄이고 정해진 식단대로만 먹어야 하며, 운동과 식단조절을 하고 3개월 뒤에 만나자고 했다. 그리고 다른 한 명에게는 검사 결과가 나온 진단지를 보여주며 "어떻게 하면 다이어트가 되겠습니까?"라고 질문을 했다. 그 질문을 받은 실험대상자는 곰곰이 생각을 하다 자신이 할 수 있는 방법을 말했다. "제가 평일에는 너무 야근이 많고 바빠 운동을 하기 어려우니 대신 주말을 이용해 2일간 3시간씩 운동을 하겠다. 그리고 식단조절을 해야 하는데 제가 고기를 너무 좋아해 아예 끊기는 어렵고 대신 양을 좀 줄여보겠다. 다만 치킨이나 튀김 같은 음식은 최대한 먹지 않도록 해보겠다." 이렇게 스스로 다이어트를 결정할 수 있도록 질문을 한 것이다.

3개월 뒤에 다시 의사와 마주한 2명의 실험자 중에서 과연 누가 다이어트에 성공했을까? 짐작하겠지만 후자의 실험대상자이다.

스펜겐버그 교수는 이를 통해 '인간의 동기는 내면의 목소리에 더 큰 영향을 받는다'는 자기결정이론을 이야기한다. 우리가 하는 질문이 내면의 목소리를 깨우는 역할을 하는 것이다.

─────── 중립성 있는 질문의 효과

평소에는 지각을 안하던 김 사원이 이번 주에만 2번의 지각을 했다. 그것을 지켜본 팀장이 "김 사원, 집에 무슨 문제 있어? 왜 허구한 날 지각이야!"라고 한마디 던진다. 김 사원은 "죄송합니다. 팀장님" 하면서 황급하게 자리로 돌아간다. 이 질문은 '허구한 날'이라는 감정과 판단이 섞여 있는 질문이다.

그런데 이 상황에서 질문을 중립적으로 해보자. "김 사원, 요즘 무슨 일 있어? 이번 주에만 벌써 두 번이나 출근시간이 지나서 왔네…."라고 물었을 때는 어떤 느낌인가? 그때 김 사원이 팀장에게 "팀장님, 죄송합니다. 사실은… 평소 아이의 유치원을 아내가 픽업하는데 이번 주는 아내가 몸이 아파 어쩔 수 없이 제가 하게 되었네요. 그런데 워낙 막히는 시간대라서 열심히 온다고 왔는데도 좀 늦었습니다. 시간 내에 올 수 있다고 생각해 미리 말씀드리지 못했습니다. 죄송합니다."라고 구체적으로 상황을 설명하면 오해를 풀 수 있다.

질문의 중립성에 따라 이렇게 결과가 달라진다. 우리가 질문을 던질 때 상대방이 편하게 이야기할 수 있도록 중립성을 가져야 한다.

질문은 해결책을 찾는 과정이다

그렇다면 질문을 통해 무엇을 얻을 수 있을까? 첫 번째는 질문을 통해 자신이 가진 이슈에 대해 새롭게 생각할 수 있는 기회를 제공함으로써 문제해결력을 높이는 데 도움이 된다. 두 번째는 질문을 통해 관점을 전환할 수 있다. 나만의 시선이 아니라 타인의 관점으로 볼 수 있는 능력, 어떤 현상에 대해 다양한 해석을 할 수 있는 여지를 가질 수 있는 것이다. 세 번째는 질문을 통해 현재의 자원과 미래의 가능성을 발견할 수 있다. 상대방이 자신의 생각을 자유롭게 말할 수 있도록 하며 목표중심적인 질문을 통해 문제에 대한 해결책이 나올 수도 있다.

─────── 질문이 없고 지시만 하면 어떻게 될까?

조직에서 질문을 하지 않고 지시만 하면 어떤 일이 벌어질까?

- 시키는 일만 한다. 질문을 할 수 없기 때문에 당연히 시키는 일만 하게 될 것이다.

- 책임을 회피하고 전가한다. 지시한 대로만 일했기 때문에 문제가 발생해도 나의 잘못이 아니다. 나는 시키는 대로만 했다고 말할 것이고, 그 자체로 책임이 회피된다고 생각한다.

- 의욕이 저하되고 창의력이 떨어진다. 시키는 일만 하는 사람은 수동적으로 변하게 된다. 당연히 의욕은 떨어지고 다른 생각을 할 필요가 없기 때문에 새로운 생각은 할 수 없다.

- 보고하지 않는다. 지시만 받게 되니 보고할 필요가 없다.

- 대화가 단절된다. 지시받은 일만 하기 때문에 대화를 할 필요가 없다. 내가 질문할 수 없기 때문이다.

- 비전 공유가 안 된다. 조직 차원에서 우리 회사의 비전을 공유하고, 그것을 어떻게 잘 이룰 것인가에 대한 논의가 이루어지지 않기 때문에 정보를 줄 수는 있어도 공유는 제대로 되지 않는다.

- 지시하는 사람만 바쁘다. 모든 것을 세세하게 지시해야 하고, 지시한 결과물을 챙겨야 하므로 리더만 바쁘게 된다.

- 다음 지시만 기다린다. 지시를 받은 사람은 지시된 일을 완료한 다음 무엇을 시킬지만 기다릴 것이다.

- 조직이 발전하지 않는다. 결국 질문이 없고 지시만 받는 조직은 발전하지 않는다. 조직은 수동적으로 변할 것이며, 모든 성과는

기대치보다 낮을 것이다.

질문하지 않고 지시만 하면 일을 그르치게 된다. 구성원들은 수동적으로 움직일 것이고, 성장은 어렵다. 지시보다는 질문을 하는 것이 조직의 성과를 내고 구성원의 성장에 도움이 된다.

질문을 통해 얻을 수 있는 7가지 효과

도로시 리즈는 《질문의 7가지 힘》(노혜경 역, 더난출판사, 2016)에서 질문의 중요성에 대해 다음과 같이 설명한다.

질문을 하면 답이 나온다

옆에 있는 동료에게 구구단 중 3×8은 무엇이냐고 물어보자. 그럼 24라고 대답할 것이다. 이처럼 질문을 하게 되면 자연스럽게 대답이 반사적으로 나올 것이다. 그래서 내가 알고 싶은 것이 있다면 질문을 던지면 된다. 그것이 어떤 대답이든 상대방의 생각을 들을 수 있다.

질문은 생각을 자극한다

옆에 있는 동료에게 가장 맛있는 음식이 무엇이냐고 물어보자. 그

러면 생각을 하다가 '갈비'라고 말
할 것이다. 질문은 사고를 자극하
기 때문에 어떤 생각을 정리해 이
야기할 수 있게 한다.

──────── **정보를 얻을 수 있다**

내가 필요한 정보가 있다면 질
문을 하면 된다. 그것을 잘 알고 있는 사람이라면 쉽게 정보를 얻어
낼 수 있고, 잘 알지 못하더라도 연결을 해서 정보를 줄 수 있다. 내
가 필요한 정보를 찾는 가장 쉬운 일은 정확히 질문하는 것이다.

──────── **통제가 가능하다**

질문을 먼저 하는 사람이 그 내용을 통제할 수 있다. 대화의 주제는
질문하는 사람의 의도에 따라 방향이 전환될 수 있고, 내가 원하는 주
제와 결과를 위해 질문을 만들 수도 있다. 그래서 질문을 잘하는 사람
이 화제를 이끌어 갈 수 있다.

──────── **마음을 열게 하는 효과가 있다**

자신의 사연에 대한 질문을 받게 되면 자신의 과거를 이야기하면
서 마음의 문을 열 수 있다. 질문에 대답하면서 자신의 생각과 관점
을 이야기하기 때문에 상대방과 친밀감을 느낄 수 있다.

질문을 잘하면 상대방에게 적절한 대답을 들을 수 있어 내가 원하는 답이 더욱더 선명해진다. 이렇게 대화가 이어지면 상대방의 이야기에 귀를 기울일 수 있다.

──────── 질문에 답하면서 스스로 설득이 된다

내 문제에 대해 계속 질문을 파고 들어가다 보면 내가 가지고 있는 문제가 자연스럽게 해결될 때가 있다. 이렇게 타인과 나의 문제에 대해 지속적으로 질문을 하고 답변과 의견을 원활하게 주고받다 보면 나의 생각이 정리되고 문제가 해결되기도 한다.

좋은 질문이 좋은 답을 만든다

질문은 상대방의 생각을 열게 한다. 질문을 통해 생각하고 있는 것들을 말하게 되고, 서로 알지 못했던 사실들이 구체화되기도 하며, 어떻게 효과적으로 질문하느냐에 따라 대화의 관계도 달라진다. 따라서 질문은 조금 더 구체적으로 정교하게 해야 한다.

질문은 3가지의 방향성을 가지고 해야 하는데, 첫째는 개방형 질문, 둘째는 긍정형 질문, 셋째는 미래지향형 질문이다.

개방형 질문 vs 폐쇄형 질문

개방형 질문은 상대방이 자유롭게 이야기를 하게 하는 질문방법이다. 말 그대로 질문 자체가 오픈이 되어 어떤 대답이 나올지 알 수 없는 질문방법이다. 팀원들과 업무효율을 높이기 위한 회의를 할 때 어떻게 이야기해야 개방형 질문일까?

"우리 팀의 업무효율성이 떨어지는데, 어떻게 하면 더 효율적인 팀이 될 수 있을까요?"

이것이 개방형 질문이다. 이 질문을 듣고 팀원들은 팀이 효율적으로 일할 수 있는 다양한 아이디어를 낼 수 있다.

반면 폐쇄형 질문은 내가 듣고 싶은 답을 원할 때 하는 것으로, 질문하는 사람이 의도한 방향으로 답변을 유도하고 싶을 때 사용한다. 또 상대방이 어떤 생각을 하지 못하게 ○× 나 YES NO로만 대답하게 하는 질문이다.

"우리 팀의 업무효율성이 떨어지는데, 도대체 다들 일을 제대로 하고 있는 건가요?"

이 질문은 팀장이 팀원들의 생각을 듣는 것이 아니라 자신의 생각을 주입하는 폐쇄형 질문이다. 여기에 어떻게 대답할 수 있을까? '네' '아니오' '죄송합니다' 정도밖에 답할 수 없다. 이러한 폐쇄형 질문은 하지 말아야 한다. 물론 비즈니스 협상 같은 경우에는 폐쇄형 질문이 유리할 수 있지만, 일반적으로 조직에서 일을 할 때 던지는 질문은 개방형 질문으로 해야 한다.

그럼 개방형 질문에 대한 연습을 해보자. 다음의 예에서 개방형 질문과 폐쇄형 질문을 구분해 보자.

1) 삶을 의미 있게 사는 것이 중요하지 않을까요?
2) 다이어트를 위해 걸어보는 것은 어떨까요?
3) 술을 마시면 좋은 것이 무엇일까요?

4) 당신의 건강을 걱정하나요?

5) 일을 그만두고 싶어 하는 이유는 무엇인가요?

6) 6개월 안에 살을 빼시겠습니까?

7) 비만 때문에 생길 수 있는 것 중 가장 염려되는 것은 무엇입니까?

위의 예에서 개방형 질문은 3, 5, 7번이다. 나머지는 폐쇄형 질문이다. 개방형 질문은 대답의 방향성이 자유롭고, 질문을 받는 사람이 생각한 것을 그대로 이야기할 수 있다는 장점이 있다. 반면 폐쇄형 질문은 '예' 또는 '아니오'라고 답해야 하고, 상대방의 의도가 들어있기 때문에 대답하기도 부담스럽다. 그렇기에 폐쇄형 질문은 소통에 있어 좋은 질문법이 아니다.

──────── 긍정형 질문 vs 부정형 질문

질문을 할 때에는 긍정형으로 해야 한다. 소통을 할 때 긍정적인 관점과 부정적인 관점에서 질문을 하게 되면 나오는 답변이 다르다. 팀의 실적이 좋지 않아 팀장이 팀원들을 모아 놓고 "우리 팀의 실적이 좋지 않은데 무슨 문제가 있나요?"라고 묻는다면 팀원들은 뭐라고 답할 수 있을까? 이미 실적이 좋지 않은 것은 모두 알고 있는 문제이고 그 부분에 대해 모두 걱정을 하고 있는데 '이 상황에서 무슨 문제를 다시 이야기하자는 거야'라고 생각할 수 있다. 이것은 원인과 이유에 집중된 질문이다. 그렇다면 이런 상황에서는 어떻게 질문하는 것이 좋을까?

해결책에 초점을 둔 긍정적인 질문이 효과적이다. "실적이 높은 A 팀의 성공요인은 무엇일까요?" "우리 팀에서 무엇을 혁신하면 좀 더 실적이 좋아질까요?" "고객사에는 어떤 조건을 맞춰 줘야 계약을 더 하고 싶을까요?"라고 질문해 보자. 질문 자체가 긍정적이고 해결책에 초점을 맞추고 있기 때문에 팀원들은 자신의 생각을 좀 더 자유롭게 이야기할 수 있을 것이다.

긍정형 질문은 원인파악(왜)보다는 '어떻게'나 '무엇'이 포함된 질문이다. 상황을 긍정적으로 볼 수 있도록 도와주는 질문이며, 상대방을 방어적으로 만들지 않는 질문이라고 할 수 있다. 성과를 내기 위한 질문이나 어려운 상황에 처해 있을 때의 질문도 최대한 긍정적으로 해야 더 효과적인 답을 들을 수 있다.

1) 이번 상황을 통해 우리 팀이 배운 점은 무엇입니까?

2) 회사에서 우리 팀에 기회를 준다면 무엇을 해보고 싶은가요?

3) 지금 우리 팀의 현실에서 발휘할 수 있는 강점은 무엇입니까?

─────── 미래지향형 질문 vs 현재형 질문

질문을 할 때에는 미래지향형 질문이 좋다. 과거나 현재에 초점을 맞춘 질문은 앞으로 나아가기가 어렵다. 미래지향형 질문은 미래형의 단어가 포함된 질문이어야 하고, 미래의 행동과 가능성에 초점을 맞춘 질문이어야 한다.

1) 우리 팀의 3년 뒤 모습은 어떻게 되었으면 좋을까요?

2) 앞으로 우리 팀이 어떤 방향으로 가면 좋을까요?

3) 이 상황에서 앞으로 어떤 시도를 해보면 좋을까요?

과거형 질문은 미래형 질문으로 바꿔보면 좋다. '자네, 지난번에도 그러지 않았었나?'보다는 '자네, 앞으로 어떻게 해보겠나?'로 바꿔보자. '목표 대비 달성률이 너무 낮은 거 아니에요?'보다는 '앞으로 목표 달성을 어떻게 하려고 생각하나요?' '다음 목표 달성을 위해 어떤 것을 실행할 수 있을까요?'처럼 미래형으로 질문하면 더욱 효과적일 것이다.

———— **질문을 할 때의 유의사항**

질문을 할 때 몇 가지 유의사항을 지키면 더욱 효과적으로 질문할 수 있다.

1) 한 번에 한 가지만 질문을 한다. 여러 질문을 한꺼번에 하거나 다른 내용의 질문을 함께하면 듣는 사람이 혼란스럽다.

2) 유도질문을 하지 않는다. 자신이 원하는 답을 얻기 위해 계속 유도질문을 하면 상대방은 불편해한다.

3) 사람에 대한 호기심을 가지고 질문을 한다. 진심으로 상대방의 이야기에 관심을 가지고 진심 어린 마음을 전달한다.

4) 질문은 간단하고 명료하게 한다. 부연설명을 하느라 구구절절 늘어놓는 질문은 오히려 상대방이 무슨 말을 해야 할지 혼돈스러워진다. 짧지만 간결하게 질문하면 듣는 사람이 쉽게 대답할 수 있다.

1696년 메릴랜드 애나폴리스에 세워진 미국에서 3번째로 오래된 세인트존스칼리지는 대학 4년 동안 100권의 인문학 책을 읽고 질문과 토론 세미나 수업을 하는 것으로 유명하다. 책을 읽고 질문을 하고 토론하며 스스로 해답을 얻어내는 과정으로, 일반 대학들과 너무나 다른 길을 걸어가고 있지만 이 학교의 성과는 눈부시다. 미국 내에서 최고 수업토론 1위, 삶의 질 4위, 공부의 질 4위, 최고 교수진 6위를 기록하고 있다. 특히 로스쿨이나 MBA 등 대학원 과정에 월등히 좋은 성적으로 입학하는 학생들이 많다고 한다.

사람과의 관계와 소통에서 질문은 왜 중요할까? 끊임없이 좋은 결과를 내야 하고 솔루션을 찾아야 하는 조직에서 좋은 질문은 우리가 가야 할 방향을 알려주기 때문이다. 지금 이 자리에서 무엇을 해야 하는지, 어떤 방향으로 가야 하는지 알려줄 수 있는 것이 바로 좋은 질문을 하면서 소통하는 것이다.

PART
7

성격

타인을 이해하는
가장 합리적인 방법

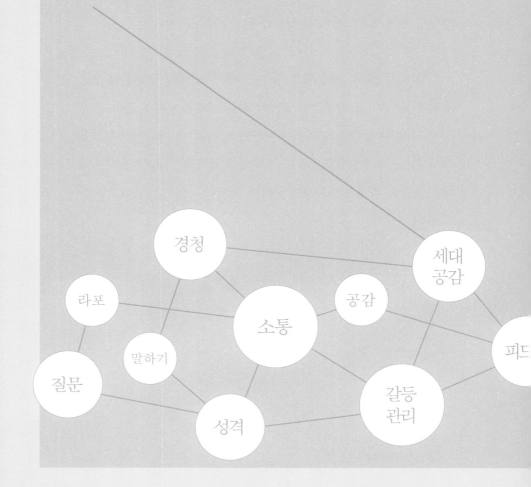

경청

세대
공감

라포

공감

소통

피드

말하기

질문

성격

갈등
관리

사람은 타고난 성격대로 사는 것이 가
장 행복하다고 한다. 특히 자신의 성격기질에 맞게 살아가면 더
자연스럽고 편하고 행복해질 수 있다. 그러나 세상은 타인과의 관
계 속에서 살아가야 하기 때문에 나의 성격기질이 타인과 맞지
않으면 좌절하기도 한다.
타인과 조화를 이루어 살아가기 위해서는 상대방의 성격기질을
이해하는 것이 필요하다. 상황에 따라 맞추기도 하고 양보하기도
하면서 균형과 조화를 이루어가는 삶이 행복한 삶이다. 세상의 중
심이 나인 세상에서 우리 모두가 함께 주인공이 되는 세상을 만
드는 것이다.

심리유형론을 통한 성격 이해

사람들 간에 소통이 잘되지 않는 데에는 많은 이유가 있지만, 그 중에서도 대표적인 것이 성격기질의 차이다. 한 사람이 맞다고 생각하는 것을 아무리 이야기해도 다른 사람은 맞지 않다고 생각할 수 있기 때문이다. 그렇게 되면 말하는 사람은 '저 사람은 왜 저렇게 생각을 하지?'라며 이상하게 받아들이고, 그것이 심해지면 아예 소통하려는 시도조차 하지 않게 된다. 이처럼 조직에서나 일상에서 성격기질의 차이는 소통을 방해하는 가장 큰 요인 중 하나로 작동한다.

─────── 성격기질의 대가 '융'의 〈심리유형론〉

사람의 성격에 대해 이해하기 위해서는 정신과 의사이자 심리학자인 칼 구스타프 융과 지그문트 프로이트의 이야기를 빼놓을 수 없다. 그들의 관계를 이해하기 위해 융과 프로이트의 삶을 먼저 알아보자.

칼 구스타프 융은 1875년 스위스 바젤에서 가난한 목사의 아들로 태어났다. 보수적인 목사였던 아버지와 대화를 하면서 많은 답답함을 느꼈고, 이로 인해 본격적으로 사람의 심리를 연구하기 위해 바젤대학 의과대학에 입학했다(그 당시 사람의 심리에 대한 연구는 의과대학의 정신과에서 다루었다).

당시 전 세계 심리학계를 대표하는 사람은 융보다 20살 많은 정신분석의 창시자라고 불리는 지그문트 프로이트였다. 프로이트는 융이 대학에 입학할 무렵에 이미 여러 책과 논문을 통해 심리학계의 기린아로서 논란과 이슈의 중심에 선 인물이었다. 많이 알려져 있는 심리성적발달이론, 리비도 같은 이론을 통해 기존의 심리학계를 발칵 뒤집어 놓았는데, 융은 이런 프로이트에 관심을 가지고 존경심까지 가지고 있었다.

세계 3대 심리학자 중 첫 번째, 두 번째로 꼽히는 프로이트와 융은 오스트리아 빈에서 열린 세미나에서 처음 만나게 된다. 당시 전 세계적으로 명성을 떨치고 있던 프로이트는 스위스에 살고 있는 융의 존재를 이미 알고 있었고, 프로이트는 융과의 첫 만남 이후 본인의 집으로 초대를 하게 된다. 이때 프로이트와 융은 무려 14시간 동안 쉬지 않고 이야기를 했다는 유명한 일화가 있다. 그만큼 서로에 대한 호기심과 통찰이 서로의 관심을 불러 일으켰던 것이다. 대화를 나누면서 프로이트는 융의 천재성을 알게 되어 심리학계에 앞으로 융이 본인의 후계자가 될 것이라고 선포까지 했다. 하지만 이후 오랫동안 자주 만나면서 융은 프로이트와의 만남에 회의를 느끼게 되고, 프로이트가 연구분야까지 강요하자 독립적인 분야를 연구하고 싶었던 융은 프로이트의 독단적인 주장에 강한 반감을 갖게 된다. 결국 1912년 융이 프로이트의 정신분석의 근본이론을 비판하면서 프로이트와 결별하게 된다.

프로이트와의 갈등으로 인해 각자의 길을 가게 되면서 융은 사람은 왜 상대방을 이해하지 못하고 힘들어 하는가에 대한 원인을 밝히기 위해 사람 사이의 갈등에 대해 연구하게 된다. 갈등은 결국 서로 소통이 되지 않아 생기는 것인데, 융은 이러한 갈등이 사람의 성격기질과 매우 밀접한 관련이 있다고 보고 꾸준히 연구하여 〈심리유형론〉을 완성했다.

그럼 이제부터 칼 구스타프 융의 〈심리유형론〉에 기반한 성격기질에 대해 알아보자.

인식의 차이를 인정해야 소통이 된다

　소통의 관점에서 사람들의 성격기질이 중요한 이유는 대화를 하는 과정이나 내용에서는 전혀 문제가 없는데도 각자 받아들이는 방식이 너무 다르기 때문이다. 우리는 이것을 '인식(perception)의 차이'라고 말한다.

　사람들은 모두 자신만의 고유한 인식을 가지고 있는데, 그것을 이해하지 못하면 제대로 된 소통을 할 수 없다. 즉, 자신의 인식과 함께 타인이 가진 인식의 차이를 명확하게 이해하고 인정해야 소통이 된다는 것이다. 여기서 인식의 차이는 '8단계 인식의 사다리'로 설명할 수 있다.

　1단계) 카메라를 찍듯 어떠한 일을 인식하는 단계
　2단계) 수집된 데이터를 가지고 내가 인식하는 단계

3단계) 인식된 데이터를 가지고 내가 가치를 판단하는 단계

4단계) 가치를 판단하여 내가 해석을 하며 의미를 부여하는 단계

5단계) 해석하고 의미를 부여하며 논리를 만들어 가는 단계

6단계) 논리를 가지고 감정과 육체적으로 반응하는 단계

7단계) 그 모든 것을 아울러 나의 신념으로 판단하는 단계

8단계) 그 신념을 가지고 내가 행동을 하는 단계

─────── **사람마다 다른 인식의 사다리**

그렇다면 교통사고의 예를 통해 8단계의 인식이 사람마다 어떻게 다른지 살펴보자. 두 명의 친구가 고속도로를 운전하고 있는데 옆 차선의 차가 갑자기 앞차를 세게 들이받았다. 사고를 당한 앞차는 차선을 벗어나 뒤집어졌고 사고차 안에는 두 명이 피를 흘리며 기절해 있는 상황이었다. 이때 옆 차선에서 사고를 목격한 두 명의 친구 중 한 명인 운전자는 사고를 낸 운전자의 얼굴이 붉게 상기되어 있는 것을 보고 소리치듯 말한다.

1단계) 앗…. 대형사고다. 뒷차가 앞차와 충돌했어. 앞차에 있는 사람들 거의 기절했는데….

2단계) 그런데 내가 잠깐 보니까 사고차 운전자가 음주운전을 한 것 같아. 얼굴이 시뻘갰어.

3단계) 아니 어떻게 대낮에 술을 먹고 운전을 하지? 정말 정신 나간 사람 아니야!

4단계) 우리나라는 말이야. 음주운전을 한 사람에게 너무 관대한 게 탈이야. 도대체 말이지, 음주운전을 해도 법이 허술하니까 또 음주운전을 하고 말이야. 문제가 많아.

5단계) 그래서 우리나라는 빨리 교통법규를 정비해야 해. 음주운전을 하면 감옥에서 10년 이상은 살게 해야 한다니까. 그래야 사람들이 경각심을 가지고 음주운전을 하지 않을 테니 말이지.

6단계) 정말이지 너무 화가 나. 저기 사고 난 사람들, 죽을 수도 있잖아. 만약 그러면 저 운전자는 살인자라니까.

7단계) 안 되겠다. 이런 일은 그냥 화만 내서는 안 돼. 내가 어떻게든 조치를 취해야겠어.

8단계) 저녁에 집에 가서 국회와 경찰청에 청원을 넣어야겠어. 내가 할 수 있는 일을 열심히 행동으로 옮겨야 해. 그렇지 않으면 이런 사고가 또 일어날 수 있다고.

이렇게 8단계 인식의 사다리에 따라 반응을 한다. 그러나 운전석 옆에 앉아 있던 친구는 운전자와는 전혀 다르게 8단계 인식의 사다리가 작동하고 있다.

1단계) 어… 어떡해…. 대형사고가 났어.

2단계) 뒤에 있는 차가 앞차를 박은 것 같은데…. 앞차의 2명은 피를 흘리면서 거의 기절해 있는데….

3단계) 어떻게 하지. 119에 전화해야겠다. 저기요 119죠. 여기 고
속도로인데 사고가 났어요.

4단계) 어떻게 하냐…. 내가 도와줄 수도 없고 정말 큰일이다. 어
떡해….

5단계) 저렇게 사고가 나면 빨리 응급조치할 수 있는 제도 같은
게 있어야 하는데 정말 큰일이다, 큰일이야…. 저 사람들
죽으면 어떡해.

6단계) 고속도로만 아니었으면 내가 가서 도와줬을 텐데…. 이미
이렇게 많이 지나와서 어떻게 할 수도 없고….

7단계) 제발 저 사람들이 살았으면 좋겠어. 나이도 젊어 보이는데,
아이들도 어릴 텐데 어떡해…. 너무 걱정된다.

8단계) 다친 사람들을 위해 기도해야겠다.

똑같은 상황을 겪었지만 두 명의 친구는 상황에 대해 각각 다르
게 인식을 하고 있다. 이것이 인식의 차이다. 같은 상황을 겪은 사람
들이지만 그것을 보고 해석하는 기준이 완전히 다르다. 그런데 이처
럼 두 친구가 상반된 이야기를 할 때 한 명이 '너 정말 이상하구나'
'정말 특이하구나'라고 반응한다면 상대방은 기분이 나쁠 것이다.
인식의 차이로 인해 갈등이 시작되는 것이다. 하지만 이것은 소통의
매커니즘을 이해하지 못하는 데서 나오는 오해일 뿐이다. 우리가 일
을 할 때나 일상에서 벌어지는 여러 상황에서 서로 다른 관점을 보
이고 그것을 다르게 해석하는 것은 인식의 차이 때문이라는 것을

인정할 때 제대로 된 소통을 할 수 있다.

───────── 갈등의 원인은 '나의 기준대로 움직여야 한다고 생각하는 것'

칼 구스타프 융은 "사람들에게 일어나는 갈등의 가장 큰 원인은 사람들이 나의 기준대로 움직여야 한다고 생각하기 때문이다."라고 말했다. 융은 인간이 서로 같아야 한다는 전제가 인간을 고통스럽게 만든다고 했다. 결국 사람은 같을 수 없는데 같아야 한다고 생각하니 갈등이 생기는 것이다.

조직 관점에서 이 상황을 생각해 보면 관계와 소통에 필요한 통찰을 얻을 수 있다. 대부분의 상사들은 자신의 기준대로 후배직원들이 행동하기를 원한다. '후배들은 나와 같은 방식으로 일해야 해'라며 본인의 일하는 방식을 고수하고, 자기 스타일에 맞지 않으면 후배들이 자신의 말을 듣지 않는다고 생각한다. 그러나 일이라는 것이 정형화되어 있는 것도 아니고, 일을 하다 보면 더 나은 방식이 생길 수도 있다. 이런 상황에서도 대부분의 상사들은 자신의 관점과 스타일을 고집하기 때문에 갈등이 생기는 것이다. 사람들은 각자 자신의 스타일대로 해야 만족을 하는데, 단지 상사라는 이유로 후배직원에게 자신의 스타일을 강요한다면 갈등은 증폭될 수밖에 없다.

사람과 사람 사이에 관계를 맺는다는 것은 타인이 다르게 생각하거나 인식하는 것을 서로 존중해 주는 것이다. 그러나 이러한 생

> 사람들에게 일어나는 갈등의 가장 큰 원인은 사람들이 나의 기준대로 움직여야 한다고 생각하기 때문이다.

각은 머릿속에만 있고, 실제로 일을 하다 보면 대부분의 사람들이 자기중심적으로 행동하고 타인도 나와 같아야 한다고 고집을 부린다. 이러한 자기중심적 사고가 소통을 막는 가장 중요한 방해요소가 된다. 타인의 성격을 이해하고 존중해 주는 자세가 갈등을 해소하고 시너지를 내는 길임을 알아야 한다.

외향형 인간 vs 내향형 인간

사람들 간에 관계와 소통이 잘 이루어지지 않는 원인을 성격기질 측면으로 바라본 융은 프로이트와의 갈등을 통해 여러 가지 연구를 하게 되고, 성격적인 기질 면에서 사람들을 6가지 심리적 선호경향 성으로 나눌 수 있다고 봤다.

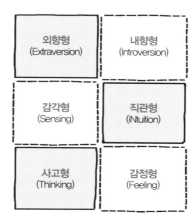

융에 따르면 사람들은 일반적으로 선호하는 경향이 존재하는데, 편하고 자연스럽고 쉽고 확실하고 당연하고 빠르게 생각하려는 선호가 있다고 한다. 반면 서투르고 어색하고 어렵고 힘들고 신경 쓰이고 걱정되고 느린 비선호도 있다. 예를 들어 오른손으로 글씨를 쓰는 것은 자연스럽고 당연한 선호이고, 왼손으로 글씨를 쓰라고 하면 쓸 수는 있지만 왠지 부자연스럽고 불편한 것이 비선호이다. 우리가 살아가면서 겪는 모든 것들은 이렇게 선호되는 것과 선호되지 않는 것으로 구분되는데, 이 중에서도 특히 내가 이성적으로 더 좋아하고 싫어하는 것을 분명하게 구분해야 한다.

융이 말하는 6개의 심리적 선호경향성 중 첫 번째는 외향형(extraversion)과 내향형(introversion)이다.

——— 외향형과 내향형

외향과 내향은 일반적인 삶의 태도를 나타내는 개념으로, 에너지의 방향성에서 차이가 난다. 외향형의 사람은 에너지가 밖으로 나가는 것이고, 내향형의 사람은 에너지가 안으로 들어오는 것이다. 외향형은 에너지를 외부세계의 사람이나 사물(객체)에 쏟는 반면, 내향형은 외부세계가 아닌 자기 자신 안으로 몰입한다. 외향(extraversion)은 약어로 E를 쓰고, 내향(introversion)은 약어로 I를 쓴다.

외향형의 사람은 사람들과 함께 있으면 에너지가 생기고, 내향형의 사람은 에너지를 뺏긴다. 외향형의 사람은 시키지 않아도 말을 많이 하며, 일반적으로도 말이 많은 편이다. 행동도 적극적으로 하고 인생을 추구하는 방향도 폭넓은 것을 좋아한다. 관심사가 넓지만 깊이는 얕다고 할 수 있는데,

> 외향과 내향은 일반적인 삶의 태도를 나타내는 개념으로, 외향형의 사람은 에너지가 밖으로 나가는 것이고 내향형의 사람은 에너지가 안으로 들어오는 것이다.

다양한 관심사는 많은 사람들을 만나게 하고 사람들과 어울리다 보면 새로운 에너지와 아이디어가 생기기도 한다. 반면에 내향형의 사람은 말이 적은 편이다. 시켜도 잘 이야기하지 않으며 사색을 좋아한다. 혼자 있어야 에너지가 충전되기 때문에 혼자 무엇을 해도 전혀 불편하지 않으며, 깊이 있는 인생을 추구한다. 외향형보다 인간관계가 넓지는 않으며 관심있는 분야를 깊게 파는 것을 좋아한다.

내향형의 사람이 점심시간에 혼자 사색하면서 밥을 먹고 있는데, 그 상황을 우연히 본 외향형의 사람들은 속으로 '저 사람은 외톨이인가 봐, 혼자 밥 먹어'라고 생각할 수 있다. 그러나 그것은 잘못된 판단이다. 내향형은 혼자 있는 것이 편해서 하는 것이다. 이런 경향을 이해하지 못하면 상대방을 이상하게 생각하는 오류를 범할 수 있다. 그래서 우리가 조직에서 일을 할 때 이러한 외향·내향의 성격 기질 때문에 소통의 장애를 자주 경험하기도 한다.

표현방식은 또 어떤가? 주로 말로 표현하는 것을 선호하는 사람은 외향형, 글로 표현하는 것을 선호하는 사람은 내향형이다. 일을 할 때 대면으로 만나 이야기하거나 최소한 전화 통화를 원하는 사람들이 외향형이다. 그러나 내향형은 이메일, 메신저, 카카오톡 등

으로 소통하는 것을 선호한다. 왜냐하면 말보다는 글을 선호하기 때문이다. 조직에서 일을 할 때 카카오톡 등으로 업무 메시지를 교환하다가 갑자기 전화가 오면 주로 외향형 상대방의 전화다. 외향형의 사람들은 메신저나 카카오톡처럼 글로 길게 소통하는 것에 불편을 느끼기 때문에 그냥 말로 하자고 전화를 한다. 그럴 때 카카오톡으로 대화를 진행했던 내향형들은 문자가 편한데 왜 전화를 하냐며 불편해할 수 있다. 이것도 내향·외향 기질에 따라 서로 다른 점이다. 이때 서로의 다른 점을 이해하지 않고 자기 스타일만 옳다고 생각하면 그것으로 인해 오해와 갈등이 생길 수 있다. 그런 행동들이 상대방을 불편하게 하고, 결국 그것은 소통의 부재로 이어진다.

하지만 사람들과의 관계는 결국 그 사람을 어떻게 바라보느냐의 차이다. 인간은 누구나 자기중심적이기 때문에 모든 것을 본인 기준으로 판단하게 되고, 그런 관점을 계속 가지고 있으면 대인관계와 소통이 힘들어질 수밖에 없다.

예를 들어 상사가 외향형, 후배직원이 내향형이라고 생각해 보자. 상사는 외향적인 자기 기준으로 일을 처리할 가능성이 크다. 에너지가 많고 속도감이 빠르기 때문에 일을 할 때도 후배직원들에게 빠른 일처리를 강요하고 함께 어울리면서 많은 시간을 보낸다. 점심식사, 티타임, 호프타임 같은 것도 적극적으로 주도하며 후배들을 끌어간다. 왜냐하면 그런 행동들이 외향형에게는 에너지를 제공해 주기 때문이다. 그러나 내향형인 후배 입장에서는 그런 외향형의 상사가 무척 불편할 것이다. 천천히 생각하면서 일처리를 하고 싶은데 매번 늦게 보고한다고 혼나고, 혼자만의 시간을 가지면서 일을 하고 싶은데 매번 회의하고 티타임하고 저녁에는 회식을 하자고 하니 나만의 시간도 없고 도무지 일에 집중할 수 없다. 계속 말을 해야 하기 때문에 에너지 소모도 무척 크다. 그렇게 하루를 보내고 나면 집에서는 녹초가 되기 일쑤다. 야근까지 하는 날이면 그냥 집에 와서 뻗어 자야 다음 날 또 일을 할 수 있다.

물론 이러한 상황이 절대적인 것은 아니다. 외향형이라고 하더라도 주중에 엄청난 에너지를 소비했다면 피곤한 것이 당연하고 쉬어야 충전이 되기도 한다. 그러나 기본적으로 에너지의 방향성이 다르기 때문에 똑같은 에너지를 소비한다고 가정하면 내향형에게 더 부정적인 영향을 미친다고 볼 수 있다.

실제 조직을 분석해 보면 내향형이 리더인 팀이 전반적으로 조용하고 차분하다. 반면에 외향형이 리더인 팀을 보면 속도감도 빠르고 뭔가 다이나믹한 분위기가 연출되는 것을 볼 수 있다. 따라서 관계와 소통의 관점에서 볼 때 외향과 내향의 성격기질들이 서로 유기적으로 잘 결합되면 오히려 더 큰 시너지를 낼 수도 있다.

이처럼 사람마다 외향과 내향의 비중이 다르다. 어떤 사람은 거의 반반의 성격기질을 가진 경우도 있다. 하지만 융은 성격기질을 비슷하게 가질 수는 있지만 50 대 50은 없다고 한다. 극단적으로 49 대 51은 존재할 수 있는데, 이 경우 어떤 상황에서는 외향의 성격을 보이다 다른 상황에서는 내향의 성격을 보일 수도 있다. 그래서 성격기질을 볼 때는 그 사람이 가진 성향의 강도까지 고려하는 것이 좋다. 강도가 다르기 때문에 같은 외향형 사람들끼리도 '너는 내향인 것 같아'라는 말이 나오는 것이다. 사람들마다 성향의 강도는 일반화하기 어렵지만 일단 각 성격기질의 방향성을 이해하면 도움이 될 것이다.

외향적인 사람과 내향적인 사람을 정리하면 다음과 같다. 나는 어떤 선호경향성을 가지고 있는지 확인해 보고, 외향형과 내향형 중 어느 쪽이 더 가까운지 체크해 보자.

외향형(E)	체크	내향형(I)	체크
주의집중 – 자기 외부와 연결		주의집중 – 자기 내부와 연결	
외부활동 선호, 적극적		내부활동 선호, 집중력	
폭넓은 대인관계		깊이 있는 인간관계(소수)	
말로 표현 선호		글로 표현 선호	
활동에 의한 에너지 충전		비축에 의한 에너지 충전	
사교성 탁월		자기공간이 필요	
여러 사람과 쉽게 어울림		1:1의 대화 선호	
정열적 · 활동적이고 에너지가 넘침		조용하고 차분	
경험한 다음에 이해		이해한 다음에 경험	
쉽게 자신을 표현		서서히 자신을 표현	

감각형 인간 vs 직관형 인간

두 번째 심리적 선호경향성은 감각과 직관으로, 이는 정보를 받아들이는 관점에서 사람마다 다르다. 감각형(sensing)은 약어로 S를 쓰고, 직관형(intuition)은 약어로 N을 쓴다.

감각형의 사람들은 어떤 정보를 보거나 실행할 때 사실과 현실에 초점을 맞춘다. 반면 직관형의 사람들은 통찰과 가능성에 초점을 맞춘다. 예를 들어 뒷마당에 나무 한 그루를 심고 종종 물을 주며 나무를 키운다고 생각해 보자. 감각형의 사람들은 주기적으로 날짜에 맞춰 나무에 물을 주는 현실에 초점을 맞추고, 나무가 커가는 모습을 보고 만족해한다. 그러나 직관형의 사람들은 내가 이렇게 꾸준히 물을 주면 언젠가는 나무가 커서 나에게 열매를 주거나 그늘을 만들어 주겠지라며 미래의 가능성을 생각한다. 현실과 직관의 차이라고 할 수 있다.

> 감각형의 사람들은 어떤 정보를 보거나 실행할 때 사실과 현실에 초점을 맞춘다. 반면 직관형의 사람들은 통찰과 가능성에 초점을 맞춘다.

또한 감각형은 세밀한 부분을 잘 감지한다. 예를 들어 20장짜리 기획서를 작성해서 보고할 때 감각형은 우선 문서의 양식, 맞춤법, 띄어쓰기와 같은 형식을 먼저 본다. 세밀하게 감지하는 성향이 있기 때문에 그런 것들이 잘되어 있지 않으면 기획서의 완성도가 떨어진다고 보고 세밀하게 문서를 잘 살펴 사소한 실수를 하지 않는다. 반면에 직관형은 전체적인 맥락이 더 중요하다. 세밀하게 살펴보는 것보다 기획서의 참신함이나 창의성과 같이 구성이나 맥락을 더 중요하게 생각한다. 그래서 보고서를 작성할 때 감각형의 상사에게는 문서형식과 같은 것을 꼼꼼히 봐서 실수하지 않도록 해야 하고, 직관형의 상사에게는 참신함이 없으면 문서를 정확하게 쓴 것과 상관없이 높은 평가를 받기가 힘들다.

감각형은 프로세스대로 정확하게 일처리하는 것을 중시한다. 반면에 직관형은 합리적인 판단을 주로 하는데, 프로세스가 쓸모없거나 부당하다고 생각하면 건너뛰어서 하는 경우도 있다. 이때 감각형 상사가 그 사실을 알게 되면 프로세스를 지키지 않았다고 크게 지적할 수도 있다. 그러나 직관형은 일을 합리적이고 효과적으로 하는 것이 중요하지, 필요도 없는 프로세스가 무슨 상관이냐고 생각할 수 있다.

감각형은 구체적인 경험을 중시하는 반면, 직관형은 포괄적인 개념을 중시한다. 그래서 감각형은 내가 체험했거나 본 것과 같은 직접적인 근거가 없으면 잘 믿지 않는 편이다. 그러나 직관형은 포괄적인 이해도 잘하고 여러 가지 다른 생각들을 모두 받아들이고 인정하는 편이다.

이렇듯 성격기질은 사람들을 대하고 소통을 할 때 어떻게 해야 효과적으로 할 수 있는지에 대한 기회를 제공한다. 나는 어떤 선호 경향성을 가지고 있는지 확인해 보고, 감각형과 직관형 중 어느 쪽이 더 가까운지 체크해 보자.

감각형(S)	체크	직관형(N)	체크
오감(五感)으로 반응		육감(六感)으로 반응	
주의 초점 – 지금, 현재		주의 초점 – 미래, 가능성	
실제의 경험이 중요		새로운 아이디어가 중요	
사실적이고 구체적으로 표현		상상적이며 통찰이 생김	
사실을 정확하게 파악		가능성과 의미를 추구	
현실수용적		미래지향적	
일처리는 정확하고 철저하게		일처리는 합리적으로	
사실적 사건 묘사		비유적 · 암시적 묘사	
관례에 따르는 경향		새로운 시도 경향	
가꾸고 추수함		씨 뿌림	
바라보는 관점이 나무를 본다		바라보는 관점이 숲을 본다	

사고형 인간 vs 감정형 인간

    융이 말하는 세 번째 심리적 선호경향성은 사고와 감정이다. 사고와 감정은 조직 내의 관계와 소통에서 매우 중요한 선호경향으로 작동한다. 사고(thinking)는 약어로 T를 쓰고, 감정(feeling)은 약어로 F를 사용한다.

    어떤 의사결정을 할 때 사람들은 사고형과 감정형으로 나뉜다. 사고형의 사람들은 논리적이고 분석적이며 객관적인 판단을 중시한다. 객관적인 진실이 중요하며 정의와 공평을 추구한다. 반면에 감정형의 사람들은 포괄적이고 상징적이며 주관적인 공감을 중시한다. 관계와 소통이 중요하며 공동의 조화를 추구한다.

    인사평가를 예로 들어보자. 팀장이 감정형, 팀원이 사고형이다. 사고형인 오 사원은 작년에 성과가 매우 좋아 당연히 S 또는 A를 받을 것으로 생각했다. 그런데 B를 받자 오 사원은 정말 부당하다고 생각했다. 특히 사고형은 논리적으로 납득이 되지 않으면 이해를 못하는 사람들이다. 객관적·분석적·공평함을 기준으로 했다면 당연히 S여야 했고, 팀의 여러 상황을 고려하더라도 최소한 A는 받았어야 했다. 그런데 B는 아무리 생각해도 납득이 안 되는 결과여서 팀장에게 면담을 요청했다.

"팀장님, 팀장님도 아시잖아요. 제가 작년에 성과가 가장 좋았다는 것을…. 객관적인 데이터도 있고 팀원 누구나 인정하는 결과인데 어떻게 이런 평가를 받을 수가 있죠?"

심각하게 오 사원을 바라보던 감정형 팀장은 조용하지만 진지하게 이야기를 한다.

"오 사원이 불만이 있을 거라는 생각을 나도 했어요. 그런데 고심한 결과 이렇게 결론을 낼 수밖에 없었어요. 작년 한 해를 한 번 돌아봅시다. 오 사원이 물론 일은 잘했습니다. 성과도 좋았죠. 그런데 아시다시피 본인의 일만 잘한 거죠. 작년에 우리 팀이 너무 바빠 주말까지 나와 서로 도와가며 일할 때 본인은 뭐하셨어요? 본인 일이 아닐 때는 한 번도 나온 적이 없죠. 그건 그럴 수 있다고 쳐요. 평일에 중요한 프로젝트를 위해 모두가 함께 야근하고 있는데 본인 파트는 상관 없다고 매번 그냥 퇴근했죠. 옆에 후배가 일을 잘 몰라 헤매고 있을 때 도와준 적 있어요? 오 사원, 팀은 공동체라고 생각해요. 함께 일하는 팀워크가 가장 중요한 거죠. 나는 개인이 혼자 잘나서 일하는 것보다 함께 돕고 성장하는 팀이 더 중요하다고 생각해요. 그래서 많은 고민 끝에 우리 조직의 팀워크를 해친 오 사원에게

B밖에 줄 수 없다는 결론에 이르렀습니다. 서로 협업해서 좋은 결과를 만드는 것이 내게는 더 중요합니다. 그러니 올해 좋은 성과평가를 받고 싶으면 팀워크를 위해 기여했으면 좋겠어요. 함께 일하고 팀원들도 도와주고…. 알았죠?"

사고형은 논리적이고 객관적이며, 자신의 일을 잘하는 것이 중요하다. 일한 만큼 공정한 평가를 받는 것도 매우 중요하다. 그러니 사고형인 오 사원의 머리로는 이런 상황이 도저히 이해가 되지 않았다. 하지만 이는 감정형인 팀장의 성격기질을 이해하지 못해 일어난 결과이다. 만약 오 사원이 올해 팀에서 좋은 평가를 받으려면 팀장의 말대로 동료들과 협력하고 팀워크에 협조해야 한다. 왜냐하면 팀장의 성격기질이 그걸 원하기 때문이다.

사고형은 주어진 일에 대해 관찰자적 입장에서 바라보고, 그것을 어떻게 잘해 낼 것인가를 논리적으로 생각한다. 그러나 감정형은 그 상황에 대한 맥락을 보고, 그 상황이 조금은 논리적이지 않더라도 공감을 하게 되면 반응을 한다. 따라서 사고형 리더들은 최대한 논리적이고 이성적이면서도 객관적이고 공평하게 조직을 운영하려하고, 감정형 리더들은 인간적이고 편안한 분위기의 조직을 만들어 팀워크가 잘 이뤄지도록 운영하는 경우가 많다.

관계에 있어서 신뢰를 얻는 것은 매우 중요하다. 그 자체가 조직의 성과에 큰 영향을 미치기 때문이다. 사고형 직원들은 논리적으로 설득하고, 감정형 직원들은 정서적으로 공감해 주면서 적절히 조직을 운영하는 리더가 훌륭한 리더가 될 수 있다. 나는 어떤 선호경향성을 가지고 있는지 확인해 보고, 사고형과 감정형 중 어느 쪽이 더 가까운지 체크해 보자.

사고형(T)	체크	감정형(F)	체크
관심의 주제 – 사실, 진실		관심의 주제 – 사람, 관계	
객관적인 사실이 중요		보편적인 선을 강조	
원리와 원칙이 확실		의미와 영향이 중요	
논리적인 판단 선호		상황적인 맥락 중요	
분석적이며 꼼꼼		포괄적이며 상징적	
간단명료하고 분명하게 설명		상황과 여건을 참작한 설명	
논리적인 논평을 선호		우호적인 협조 선호	
객관적인 판단		주관적인 판단	
원인과 결과가 확실해야 함		좋다, 나쁘다가 중요함	
규범과 기준을 맞춤		나에게 주는 의미와 가치가 중요	

판단형 인간 vs 인식형 인간

지금까지 융의 6가지 심리적 선호경향성에 대해 살펴보았다. 이러한 융의 〈심리유형론〉에 기반해 1944년 작가 캐서린 쿡 브릭스와 그녀의 딸 이자벨 브릭스 마이어스가 만든 검사지가 MBTI(Myers-Briggs Type Indicator)인데, 융의 6개 선호경향에 판단형과 인식형을 추가해 8가지 선호경향으로 16가지의 성격유형을 만들었다.

판단형과 인식형

사람들은 생활양식에 따라 판단형과 인식형으로 나뉜다. 판단형(judgement)은 약어로 J를 쓰고, 인식형(perception)은 약어로 P를 쓴다.

판단형은 주어진 상황을 통제하고 규칙적인 생활을 주로 하려는 사람들이다. 다이어리를 쓸 때 스케줄을 시간대별로 꼼꼼하게 작성

하는 사람들이 판단형일 가능성이
높다. 반면에 인식형은 주어진 상
황에 잘 적응하고 상황이 변하더
라도 별로 개의치 않는 특성이 있
다. 판단형은 규칙적인 것을 좋아
하지만, 인식형은 상황이나 시간

을 쓰는데 탄력적이다. 예를 들어 회의가 오후 2시에 잡혀 있는데
갑자기 팀장이 회의 30분 전에 연락해서 회의를 오후 4시로 연기한
다고 해보자. 판단형은 그런 상황이 매우 못마땅하다. 상황이 급해
어쩔 수 없이 연기한 것은 알겠지만 자신이 이미 계획한 일정을 바
꾸는 것은 몹시 불편하다. 그러나 인식형은 내키지는 않더라도 상
황에 따라 일정이 바뀌는 것에 대해 크게 민감해하지 않는다. 4시에
해야 할 일이 있었다면 당겨서 2시에 먼저 하고 4시에 회의를 하면
된다고 생각하기 때문이다.

이처럼 시간 약속을 정확히 지켜야 한다는 강박이 있는 사람들은
판단형, 시간에 대해 대체적으로 유연한 사람들은 인식형이다. 이는
물론 약속시간을 잘 지키냐의 문제는 아니다. 일을 할 때 시간에 대
해 철저하게 관리하는 사람들이 판단형이 많다는 것이다.

판단형은 목표지향적이다. 뭔가 달성해야 할 목표가 생기면 다른
것은 보지 않고 설정된 목표를 향해 달려간다. 반면에 인식형은 목
표를 향해 달려가지만 과정도 중요하기 때문에 목표를 진행하면서
이런저런 것들을 동시에 진행하는 경우가 많다. 그래서 과정중심적

이라고 할 수 있다.

지금 직원들의 책상을 한 번 살펴보자. 책상이 깔끔하게 정돈되어 있는 사람들은 대부분 판단형일 가능성이 높다. 판단형은 조직화된 생활양식을 선호하기 때문에 책상정리도 틀에 맞게 잘 정리해 놓는다. 그러나 인식형의 책상을 확인해 보면 책과 서류철이 이리저리 쌓여 있는 것을 보게 된다. 그것은 지저분한 것과는 조금 다르다. 인식형이 생각할 때는 책상에 있는 것은 모두 자신에게 필요한 자료들이기 때문에 나름 잘 정돈되어 있다고 생각한다. 그러나 판단형이 볼 때는 책상이 지저분하다고 생각할 것이다.

나는 어떤 선호경향성을 가지고 있는지 확인해 보고, 판단형과 인식형 중 어느 쪽이 더 가까운지 체크해 보자.

판단형(J)	체크	인식형(P)	체크
체계적		자율적	
정리정돈과 계획		상황에 맞추는 개방성	
의지적 추진		이해로 수용	
신속한 결론		유유자적한 과정	
통제와 조정		융통과 적응	
분명한 목적의식		목적과 방향의 변화	
분명한 방향감각		환경에 따른 변화	
뚜렷한 기준과 자기의사		결론보다는 과정을 즐김	

───── MBTI 진단으로의 진화

지금까지 8가지 심리적 선호경향성에 대해 알아봤다. 마이어스와 브릭스는 융의 6가지 심리적 선호경향성에 본인들이 개발한 2가지 선호경향성을 추가해 총 8개의 선호경향성을 조합하여 16개의 성격유형으로 MBTI 진단기법을 만들었다. 이 진단기법은 현재 전 세계의 많은 기업이나 학교에서 광범위하게 사용되고 있으며, 실제 기업교육 현장에서 리더십이나 커뮤니케이션, 갈등관리 과정에 많이 활용되고 있다.

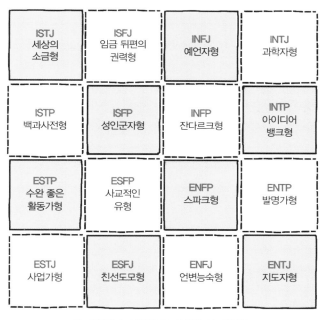

E : 외향형 I : 내향형 S : 감각형 N : 직관형
T : 사고형 F : 감정형 J : 판단형 P : 인식형

페르소나를 쓰고 사는 사람들

사람들은 성격기질에 따라 다르게 행동하기 때문에 성격은 타인과 관계를 맺고 소통하는 상황에 많은 영향을 미친다. 그러나 우리는 일상생활이나 사회생활을 할 때 실제 나의 성격대로 살지 못한다. 자신의 성격대로 살다 보면 타인과의 갈등이 심해지는 경우가 생기기 때문이다.

────── 페르소나

'페르소나(persona)'는 라틴어로, 고대 그리스의 연극에서 배우들이 쓰던 가면을 뜻한다. 사람을 뜻하는 person과 사람의 인격을 뜻하는 personality의 어원이 바로 persona이다. 페르소나라는 단어는 심리학자인 융이 쓰기 시작하면서 세상에 널리 알려지게 되었는데, 자아가 다른 사람에게 투사된 성격, 외면적으로 자신이 보여지기를 원하는 모습을 말한다.

이러한 페르소나가 있어서 사람들은 자신의 진짜 모습이 아닌 만들어 낸 모습으로 타인에게 비춰지며 살 수 있다고 한다. 조직에서는 상사와 잘 지내기 위해, 동료와 좋은 관계를 유지하기 위해 페르소나를 쓰고, 그러한 페르소나가 관계를 더욱 풍요롭게 해준다. 그러나 모든 사람들이 페르소나를 필요한 상황에 적절하게 사용하는 것은 아니다. 자신의 성격기질대로 무조건 자기중심적으로 살아가는 사람들은 어느 상황에서도 갈등을 일으킬 소지가 있다.

─────── **사람들은 누구나 페르소나를 쓰고 산다**

융은 사람들이 필요에 의해 페르소나를 사용하지만 각자 태생적으로 선호하는 기질이 있고, 그 기질은 타고난다고 말한다. 그러나 필요에 의해 페르소나를 쓸 수 있기 때문에 오랫동안 페르소나를 사용해 온 사람들은 자신의 진짜 성격기질이 무엇인지 헷갈리기도 한다. 그래서 융은 자신의 성격기질이 무엇인지 명확하게 알고 있어야 한다고 말한다. 그러면서 실존주의 소설가인 프란츠 카프카의 예를 든다.

카프카는 법과대학을 나온 인재로 보험회사에서 오랜 기간 관리직으로 일을 했다. 그러나 카프카가 진심으로 원했던 것은 글을 쓰는 것이어서 평일 저녁과 주말을 활용해 글을 썼고, 그 글이 빛을 보게 되었다. 이런 사실을 알게 된 기자가 카프카를 인터뷰했는데, 카프카가 의외의 말을 했다.

"나는 회사 가는 게 죽기보다 싫었어요. 먹고 살기 위해서 일한 거예요. 그래서 퇴근하고 나서 평일 저녁과 주말에 미친 듯이 글을 썼어요."

이 이야기를 들은 기자는 '어떻게 죽기보다 싫은 회사를 그렇게 오래 다녔을까?'라는 의문을 가지고 직접 보험회사에 찾아가 카프카와 함께 일한 사람들을 인터뷰했다. 그런데 놀랍게도 그와 함께 일한 모든 사람들이 카프카를 극찬하는 것이 아닌가? 카프카처럼 열심히 일한 직원이 없었다며, 그는 최고의 동료였다고 칭찬을 했다.

융은 이것이 페르소나의 대표적인 사례라고 말한다. 사람들은 누구나 자신이 원하기만 하면 자신이 아닌 모습으로 살아갈 수 있고, 페르소나에 지배된 생활과 심리적 욕구를 채우는 이중생활을 할 수 있다는 것이다. 그러나 페르소나를 너무 오랫동안 사용하게 되면 자아와 페르소나가 동일시되고, 이것이 팽창하면 터지게 된다. 정작 자신이 누구인지 알 수 없게 되며, 이는 정신건강에 매우 위험한 것이라고 융은 판단했다. 자신이 상담한 많은 사람들이 이런 페르소나 때문에 우울증에 걸리거나 정신병에 걸리는 경우를 많이 봤기 때문이다. 결국 사람들은 자신의 성격기질대로 사는 것이 가장 좋다는 것이 융의 주장이다.

현실적으로 우리는 페르소나를 쓰고 살 수밖에 없다. 나는 내향적인 사람인데, 영업파트에 발령이 났다. 조용히 혼자 있고 사색하는 것을 좋아하는데, 매일같이 사람들을 만나 이야기하고 접대도 자주 하는 등 사교적으로 변해야만 살아남는다. 그렇다면 어떻게 하면 될까? 페르소나를 쓰면 외향적으로 보일 수 있다. 그렇게 페르소나를 사용하면서 영업직무를 몇 년 하다 보면 어느새 외향적인 사람이 되어 잘 살아간다. 오랜 시간 페르소나를 쓰고 살아가는 것이다. 그러나 시간이 흘러 영업부서에서 관리부서로 자리를 옮겼다. 일이 달라진 나는 다시 원래 나의 성격기질인 내향적인 모습을 찾게 된다. 이처럼 사람들은 페르소나가 있기 때문에 어떤 상황에서든 적응할 수 있다. 특히 철저하게 페르소나를 잘 사용하는 사람들은 어떤 상황 속에서도 잘 살아간다.

그러나 융은 페르소나를 사용하여 적응하는 것이 문제가 아니라 원래 내가 어떤 사람이었는지 알고 있는가가 더 중요하다고 말한다. 사람들은 자신의 성격기질대로 사는 것이 가장 행복한 삶이며, 자신의 성격기질을 제대로 알고 있으면 자유자재로 페르소나를 쓰면서 일상의 삶을 행복하게 살 수 있다고 한다. 나는 어떤 사람인가? 어떤 성격기질을 가지고 있는가? 이것을 제대로 알고 있으면 우리는 누구나 자신을 알고 타인을 이해하는 삶, 관계에서 자유로워지고 고통받지 않는 삶을 누릴 수 있다.

> 사람들은 자신의 성격기질대로 사는 것이 가장 행복한 삶이며, 자신의 성격기질을 제대로 알고 있으면 자유자재로 페르소나를 쓰면서 일상의 삶을 행복하게 살 수 있다.

4가지 컬러 에너지로
타인의 성격을 파악한다

지금까지 우리는 융의 〈심리유형론〉을 통해 사람들과의 관계와 소통의 방법에 대해 살펴보았다. 성격기질에 따라 사람들이 많이 다르다는 것을 파악했을 것이다. 그런데 재미있는 것은 외향형(E)과 내향형(I), 사고형(T)과 감정형(F)의 성격기질이 서로 융합되어 사람들의 성향을 더욱 선명하게 보여준다는 것이다. 그리고 그러한 4가지의 유형이 사람들 간에 선명하게 대비되면서 우리가 좀 더 쉽게 사람들의 성격을 분류할 수 있게 되고, 그런 분류 안에서 내가 어떻게 다름을 인정하고 행동해야 하는지에 대한 훌륭한 팁을 얻을 수 있다.

융이 말한 성격기질에서 외향(E)과 내향(I), 사고(T)와 감정(F)의 조합으로 4개의 유형이 만들어진다. 외향적이면서 사고형(ET), 외향적이면서 감정형(EF), 내향적이면서 사고형(IT), 내향적이면서 감

IT(내향적 사고형) **블루(Blue) 에너지**	ET(외향적 사고형) **레드(Red) 에너지**
IF(내향적 감정형) **그린(Green) 에너지**	EF(외향적 감정형) **옐로우(Yellow) 에너지**

정형(IF)이다. 이러한 4가지 성격기질의 조합은 컬러를 통해 성향을
잘 표현할 수 있다.

─────── ET(외향적 사고형) : 레드(Red) 에너지

우선 외향적이면서 사고형인 레드 에너지 성격은 매우 활동적이
며 긍정적이다. 많은 활동을 즐기고, 다른 사람과 함께하는 것을 즐
기고, 논리적이고 사실(fact)에 집중한다. 방향성이 명확하며 성과지
향적이다. 목표 설정이 분명하고 결과가 명확한 것을 좋아한다. 다
른 사람들과 솔직하게 이야기하는
편이며 그들에게 영향력을 끼치고
싶어 한다. 그래서 의사결정을 할
때 솔직하게 자신의 의견을 표현
하며 일이 정리가 안 될 때에는 본

> 레드 에너지는 외향적 사고형으
> 로, 매우 활동적이며 긍정적이
> 다. 많은 활동을 즐기고, 다른 사
> 람과 함께하는 것을 즐기고, 논
> 리적이고 사실에 집중한다.

인이 리더십을 발휘한다. 추진력이 있기 때문에 일을 처리함에 있어 속도감이 있고, 원하는 목표가 있으면 공격적으로 추진한다. 하지만 지나치게 자기중심적으로 생각할 수 있기 때문에 구성원들이 보조를 맞춰 따라오기가 버거울 수 있다.

유명인 중 비슷한 느낌의 인물을 꼽으라면 미국의 도널드 트럼프, 힐러리 클린턴 등이 있고, 개그맨으로는 김구라, 이경규, 강호동, 박명수 등이 있다(인물 선정은 각종 매체에서 보여지는 이미지와 느낌을 가지고 판단했기 때문에 실제 그 유형인지는 확인할 수 없음을 양해 바란다).

───────── EF(외향적 감정형) : 옐로우(Yellow) 에너지

외향적이면서 감정형인 옐로우 에너지는 매우 열정적이고 유쾌한 사람들이다. 사회성이 강하고, 행동력이 있고, 즐거움을 주면서 남을 배려한다. 타인을 잘 설득하기 때문에 흔히 말을 잘한다고 평가받으며, 대중 앞에서 발표하거나 말하는 것에 큰 불편함을 느끼지 않는다. 남들과 함께 어울리는 것을 좋아하고, 일하는 것도 함께하는 것을 좋아한다. 에너지가 넘치며 무슨 일을 하더라도 시작이 좋다.

옐로우 에너지 성격은 다른 성격기질보다 유난히 칭찬받는 것을 좋아해 근거 없는 칭찬이라도 받으면 좋아한다. 그래서 일을 못하거나 실수를 하더라도 지속적인 동기부여를 해주려면 질책보다는 칭찬이 더 필요하다. 옐로우 에너

> 옐로우 에너지는 외향적 감정형으로, 매우 열정적이고 유쾌한 사람들이다. 사회성이 강하고, 행동력이 있고, 즐거움을 주면서 남을 배려한다

지는 잘못했다고 해서 너무 심하게 질책하면 동기부여가 되지 않고, 오히려 자신을 질책하면 그냥 주저앉아 버리는 경우도 있다. 그래서 자주 격려하고 실패를 하더라도 긍정적인 피드백을 통해 성장시켜야 한다.

유명인 중 대표적인 인물은 가수 이효리, 화사, 개그맨 노홍철, 조세호, 박경림과 같은 느낌의 사람이라고 생각하면 좋다. 연예인들의 경우 실제 그들의 컬러 에너지와 관계없이 대부분 옐로우 에너지의 페르소나를 쓰고 있는데, 그래야 대중에게 어필할 수 있기 때문이다. 그만큼 옐로우 에너지는 밝고 유쾌하고 즐거운 성격기질을 가지고 있다고 생각하면 된다.

─────── IF(내향적 감정형) : 그린(Green) 에너지

내향적이면서 감정형인 그린 에너지는 타인을 배려하고 양보하는 특성을 가지고 있다. 깊이, 자기성찰, 화합과 합의에 의한 호의를 좋아하는 성향을 보인다. 자신이 먼저 선택하기보다 타인에게 먼저 선택권을 주며, 남들이 부탁하면 거절을 못한다. 관계에서 깊은 가치를 찾기 때문에 타인에게 상처주는 말을 하지 않는다. 그러다 보니 가끔은 타인에게 이용당하기도 한다.

이들이 상대방에게 잘 대해주는 이유는 서로의 관계를 해치지 않기 위해서이지 무조건 원하는 것을 다 들어준다는 의미는 아니다. 이들은 민주적인 관계를 원하기 때문에 그들의 가치를 지키기 위해 본인들이 생각한 어느 기준을 넘어서면 관계를 끊어 버리기도 한다.

> 그린 에너지는 내향적 감정형으로, 타인을 배려하고 양보하는 특성을 가지고 있다. 깊이, 자기 성찰, 화합과 합의에 의한 호의를 좋아하는 성향을 보인다

여기서 중요한 것은 그 관계정리를 함에 있어 굳이 특별한 말을 하지 않는다는 것이다. 그래서 사람들은 가끔 오해를 한다. 서로 관계가 좋아서 배려한다고 생각했는데, 어느 순간부터 서늘해진 관계를 느끼게 된다면 본인이 손절 당했다는 것을 인지해야 한다.

그린 에너지는 Give & Take가 중요한 사람들이다. 자신들이 배려하고 양보하면서 많은 것을 주지만 무조건 주기만 하지는 않는다. 상대방이 계속 받기만 하고 자신이 이용당한다는 느낌을 받게 되면 그들의 이상적인 가치를 벗어나는 것이기 때문에 과감하게 정리해 버리는, 어쩌면 냉정할 수도 있는 친절한 마음을 가진 사람들이다. 그래서 그린 에너지가 레드 에너지와 함께 일할 때 갈등이 심해지고 문제가 발생할 수 있다.

유명인 중 대표 인물을 꼽으라면 〈아침마당〉을 오래 진행했던 이금희 아나운서와 개그맨 유재석, 장도연, 배우 천정명 같은 느낌의 인물들을 생각해 볼 수 있다.

———— IT(내향적 사고형) : 블루(Blue) 에너지

내향적이면서 사고형인 사람들은 블루 에너지이다. 업무지향적이고, 어떤 상황에서 긴장되어도 침착할 수 있는 자세, 사려 깊고 객관적인 사람들이다. 이들은 자신만의 뚜렷한 세계관을 가지고 있다.

무슨 일을 하기 전에 정보가 완벽해야 하며, 논리적으로 설득해야만 납득이 되는 사람들이다. 고정되고 주관적인 생각을 가지고 있기 때문에 무척 꼼꼼하고 세세하다.

> 블루 에너지는 내향적 사고형으로, 업무지향적이고 어떤 상황에서 긴장이 되어도 침착할 수 있는 자세, 사려 깊고 객관적인 사람들이다.

가끔은 무결점의 완벽을 추구하다 오히려 시간이 너무 소요되어 스스로 스트레스를 받는 경우도 있다.

행동에 옮기기 전에 항상 생각을 먼저 하고, 자신들이 생각하는 가치의 기준이 다른 컬러 에너지보다 높다. 가치의 기준이 높다는 것은 블루 에너지가 다른 컬러 에너지보다 일을 할 때의 업무기준이 높아 웬만큼 잘하지 못하면 칭찬을 하지 않는다는 의미다. 예를 들어 옐로우 에너지의 직원이 '이 정도 일하면 칭찬받겠지' 하는 생각으로 보고를 하면 블루 에너지 상사는 이들이 보고한 내용을 보통 정도 수준으로 생각해 칭찬하지 않을 가능성이 높다. 원래 칭찬이 인색한 성격인데, 옐로우 에너지가 보고한 업무수준 정도만 가지고 칭찬을 할 수는 없는 것이다. 그렇기 때문에 블루 에너지와 옐로우 에너지는 함께 일을 할 때 갈등을 빚을 가능성이 크다. 사람들과 함께 어울리고 대화하는 것을 좋아하는 옐로우 에너지와 달리 블루 에너지는 혼자 사색하고, 일을 완벽하게 처리하고 싶어 하며, 공과 사를 명확히 구분하기 원하기 때문에 소통을 할 때 감정적인 문제를 일으킬 수 있다.

MBTI 성격기질을 활용해 컬러 에너지의 성격기질을 살펴보았다. 사람들은 각 컬러 에너지에 따라 일을 처리하는 방식과 소통하는 스타일이 다르기 때문에 갈등이 생기는 것이다. 사람들과의 관계가 악화되거나 소통이 되지 않는 가장 큰 이유 중 하나가 '타인에 대한 다름'을 인정하지 않는 사람들이 많기 때문이다. 타인을 잘 관찰하고 그들의 성격기질과 컬러 에너지를 잘 분석할 수 있다면 타인과의 소통은 더욱 쉬워질 것이다.

레드 에너지의 성격과 소통방법

매일 사람들을 만나면서 살아가는 우리들이기에 함께 일하는 사람들의 컬러 에너지를 먼저 생각해 보고, 그에 맞춰 관계를 맺고 소통하게 되면 아무런 생각과 정보 없이 지내왔던 시간들과 비교했을 때 많은 변화를 느끼게 될 것이다.

─────── 레드 에너지가 상사일 때

1) 상사에게 보고를 할 때 두괄식으로 핵심만 간결하게 전달하는 것이 좋다. 그들은 결론을 먼저 말한 뒤 부연설명하는 것을 좋아하기 때문에 결론을 도출하기 위한 근거들을 먼저 설명하는 것은 그들을 답답하게 만든다.
2) 상사나 고객에게 프레젠테이션을 할 때도 그림이나 도표를 이용해 핵심 키워드만 명확하게 적어 넣는 것이 좋다. 그들은 복

잡한 장표나 작은 글씨로 설명하는 것을 선호하지 않는다.

3) 상사에게 적극적이고 진취적인 자세를 보이는 것이 좋다. 상황이 어렵더라도 안 된다는 생각보다 어떻게 하면 잘 해결할 수 있을 것인지에 대한 의지와 해결안을 보여주는 것이 좋다.

─────── **레드 에너지가 후배직원일 때**

1) 레드 에너지는 기본적으로 성취지향 스타일이다. 따라서 목표의식이 강하므로 이를 자극하면 동기부여가 되어 성공적으로 일을 마칠 확률이 높아진다. 경쟁을 시키고 성취동기를 높여 주면 더 열심히 일할 수 있다.

2) 그들이 하려는 것에 대해 방향만 제시해 주고 열심히 하라고 격려해 준다. 비록 실패하더라도 그들은 다시 일어날 것이다. 그리고 실패의 경험이 그들에게 큰 자산이 되어 더 큰 모험을 할 수 있는 기회가 될 것이다.

3) 자기주도적이고 성취지향적인 업무를 맡기면 의욕이 충만해 반드시 해내려고 노력한다. 실제 그 부분에서 큰 성과를 거둘 수도 있다.

─────── **레드 에너지의 단점을 보완하려면**

1) 자기주도형이기 때문에 일을 처리함에 있어 독불장군처럼 혼자 주도하는 경향이 있다. 그래서 혼자 일을 이끌기보다 다른 사람들의 도움도 필요하다는 것을 인식하고 좀 더 협조적인

자세를 가진다면 다른 컬러 에너지 사람들이 적극적으로 도와줄 것이다.

2) 어떤 결정을 내릴 때 그 결정에 대해 이유를 먼저 설명하는 배려의 자세가 필요하다. 보통 레드 에너지의 사람들은 자신의 결정이 옳다고 생각하는 신념이 있기 때문에 상사의 경우 자세한 설명 없이 자신의 결정을 밀어붙이는 경향이 있다. 그러나 후배직원 입장에서는 상사의 결정에 따르기는 하겠지만 그 결정에 대한 명확한 근거와 이유를 알고 싶은 것이 당연하다. 그런 디테일과 챙겨줌이 필요하다.

3) 레드 에너지의 특성상 무뚝뚝한 말투로 인해 진심이 제대로 전달되지 못할 때가 많다면 이메일이나 문자 메시지, 선물 등을 통해 마음을 전달하는 것도 좋은 방법이다.

레드 에너지의 성격기질별 특징

타고난 성격		커뮤니케이션 스킬
경쟁심이 강하다 쉽게 만족하지 않는다 단호하다 의지가 강하다 목적의식이 있다 결단력이 있다	Do	• 직접적이고 간단명료하게 전달한다. • 결과와 목표에만 집중한다. • 자신감 있고 적극적으로 행동한다.
외향형(E) / 사고형(T)	Don't	• 망설이거나 우유부단하지 않는다. • 대화를 주도하려 하지 않는다. • 상대방을 컨트롤하려 하지 않는다.

옐로우 에너지의 성격과 소통방법

——————— 옐로우 에너지가 상사일 때

1) 우리는 보통 업무적인 대화를 나눌 때 시간이 없다는 이유로 바로 결론부터 이야기하면서 대화를 시작한다. 그러나 옐로우 에너지 사람들과 대화를 할 때에는 본론에 들어가기 전에 그동안의 안부나 시의적절한 칭찬 같은 적절한 여담으로 시작하면 분위기를 이완시키는데 도움이 된다. 적절한 라포 형성은 오히려 일이 잘 해결될 수 있는 실마리를 준다. 특히 옐로우 에너지의 상사에게 보고하거나 회의를 할 때에는 가볍게 일상 대화로 시작해 업무 대화로 이어가는 것이 현명하다.

2) 사교적이며 인간관계를 중시하기 때문에 개인적인 관심사를 나누고, 상사라고 해도 칭찬을 한다면 좋은 관계를 형성할 수 있다. 칭찬은 후배직원에게만 한다는 고정관념은 버리고 상사

에게 감사할 일이 있다면 고맙다고 표현하고 그것이 진심임을 보여야 한다.

3) 논리적으로 접근하는 것보다 적절히 감성에 호소하면서 설명하는 것이 좋다. 옐로우 에너지는 인간적으로 접근하여 설득을 시도하면 일이 쉽게 풀리기도 한다. 너무 정확하고 세세하게 논리적으로만 설명하는 것은 너무 인간미가 없다고 생각할 수 있기 때문이다.

─────── **옐로우 에너지가 후배직원일 때**

1) 업무 이야기를 하면서 가끔 주제가 다른 길로 벗어나는 경우 가능하면 후배직원이 이야기를 마칠 때까지 기다렸다가 끝난 후 웃으면서 바로 잡아주는 것이 좋다. 하나에 집중을 못하는 경우가 있기 때문에 업무의 시작과 끝을 명확하게 짚어주는 것이 필요하다.

2) 일하는 분위기를 긍정적이면서도 밝게 유지하면 좋다. 옐로우 에너지는 유쾌하고 즐거운 분위기를 좋아하기 때문에 조직문화가 너무 딱딱하거나 보수적이면 답답해한다. 따라서 대화를 할 때 활력이 넘치고 즐거운 분위기를 연출해 주면 효과적으로 업무지시를 할 수 있다.

3) 동기부여를 함에 있어 칭찬을 활용한다. 옐로우 에너지는 칭찬에 춤을 추는 사람들이다. 실수를 했을 때에도 무조건적인 질책이 아니라 격려를 해주고 다음에 더 잘할 수 있도록 독려해

주면 더 큰 성과를 낼 수 있다. 계속되는 비난과 질책은 오히려 의욕을 꺾어 성과를 내지 못한다.

—————— **옐로우 에너지의 단점을 보완하려면**

1) 의사결정에서 좀 더 신중을 기하고 객관성을 유지한다. 의사결정을 할 때 감정적으로 치우칠 수 있는 가능성이 있기 때문에 타인을 보다 현실적으로 평가하는 게 중요하다.

2) 공과 사를 구분해야 한다. 일을 할 때 친분에 의지하는 경우가 있는데, 관계가 좋더라도 공과 사는 정확하게 구분되어야 하기 때문에 조금은 냉정하게 생각해야 한다.

3) 프로젝트를 진행할 때 시작은 좋으나 마무리가 좋지 않을 때가 있다. 일정관리를 잘하고, 좋은 분위기를 끝까지 어떻게 이어 나갈지 꼼꼼한 관리가 필요하다.

옐로우 에너지의 성격기질별 특징

타고난 성격	커뮤니케이션 스킬	
사교적이다 활동적이다 감정을 숨기지 않는다 열정적이다 설득력 있다	Do	• 친근하고 사교적으로 대한다. • 재미있고 흥미롭게 말한다. • (사고나 관념이) 열려있고 유연하게 행동한다.
외향형(E) / 감정형(F)	Don't	• 꼼꼼한 디테일로 지루하게 하지 않는다. • 일상적인 틀(룰, 규정)에 나를 제한하지 않는다. • 혼자 일을 하도록 하지 않는다.

그린 에너지의 성격과 소통방법

1) 배려심이 많아 상황 설명을 길게 하기 때문에 끝까지 듣고 난 후에 이야기하는 것이 필요하다. 중요한 사안이라고 말을 끊고 결론을 먼저 이야기하는 것은 그린 에너지 상사의 기분을 상하게 한다. 시간이 좀 걸리더라도 상황 설명을 하는 이유는 자신의 결정에 대해 자세히 설명하는 것이 좋은 관계라고 생각하기 때문이다.

2) 일을 진행함에 있어 차근차근 순서에 맞게 진행하는 것이 좋으며, 어떻게 하면 좋을지 해결책이나 방법까지 제시하면 신뢰를 높일 수 있다. 절대로 빠르게 의사결정을 하려고 하지 말고, 상사가 생각할 시간을 주고 기다리는 것이 좋다.

3) 그린 에너지는 양보도 잘하고 배려심이 많다. 그래서 다른 성

격기질보다는 더 많이 도와주고 일도 거절하지 못한다. 그렇다고 모든 것을 다 해주겠다는 것은 아니다. 기본적인 마인드는 내가 잘해주는 만큼 타인도 잘해달라는 메시지가 있다. 상사가 잘해주면 감사하게 생각하고, 나는 상사에게 무엇을 해줄지 고민하는 것도 필요하다.

──────── **그린 에너지가 후배직원일 때**

1) 본론에 들어가기 전에 적절한 여담을 통해 후배의 마음을 여는 것이 좋다. 그린 에너지는 처음부터 마음을 잘 열지 않으며, 여러 번 만나서 친근감을 느껴야 비로소 친해지는 성격이다. 레드나 옐로우 에너지가 자신들의 입장만 생각한 채 몇 번 만나지도 않았는데 친근하게 대하면 그린 에너지는 불편해한다. 그래서 후배라 하더라도 업무지시를 하기 전에 간단한 라포를 형성해 마음의 문을 열게 한 후 업무지시를 하면 수용성이 좋고 신뢰감 있게 일처리를 할 수 있다.

2) 인간적인 예의범절을 중시하므로 후배라고 해서 중간에 말을 자르거나 나이가 어리다고 반말을 하는 것은 피해야 한다. 사소한 것에 상처를 받을 수 있기 때문이다.

3) 일을 처리함에 있어 신중하기 때문에 속도감이 조금 느릴 수 있다. 그렇더라도 보채지 말고 오히려 시간을 좀 더 주고 충실하게 마무리할 수 있도록 지지해 주어야 한다. 배려를 하면 더 큰 배려로 보답할 것이다.

1) 때로는 좀 더 나은 결과를 위해 변화를 두려워하지 말아야 한다. 그린 에너지는 안정지향형이기 때문에 변화보다는 안정적으로 생활하는 것을 좋아한다. 그러나 조직은 항상 변화하고 혁신을 추구하기 때문에 변화에 대해 의연하게 대처해야 한다.

2) '조직에 어떤 기여를 하고 있는지' '내가 현재 잘하고 있는지'에 대해 신중히 생각해 본다. 기존의 일을 잘하는 것에만 만족하지 말고 새로운 것을 추구하고 계속 발전시켜 나가야 한다.

3) 창의적인 면을 발달시킬 수 있도록 노력한다. 익숙한 것만 잘하는 것이 아니라 새로운 것을 도입하고 적용하는 것에 두려움을 없애야 한다.

그린 에너지의 성격기질별 특징

타고난 성격		커뮤니케이션 스킬
배려한다 격려한다 공유한다/나눈다 인내심이 있다 여유가 있다	Do	• 인내심을 가지고 지지해 준다(힘이 되어 준다). • 상대방의 속도에 맞춰 일의 속도를 늦춰준다. • 상대방의 의견을 물어봐주고 대답할 시간을 준다.
내향형(I) / 감정형(F)	Don't	• 사람이 좋은 것을 이용하지 않는다(호의를 이용하지 않는다). • 상대방에게 빠른 결정을 내리도록 압박하지 않는다. • 막바지에 뜻밖의 일로 상대방을 놀라게 하지 않는다.

블루 에너지의 성격과 소통방법

──────── 블루 에너지가 상사일 때

1) 상사에게 보고할 때 개인적인 주장보다는 객관적인 자료나 통계 데이터를 제시한다. 순차적으로 차근차근 대화를 이끌면서 왜 그런지에 대한 근거를 충분히 들어 설명하고 사례나 레퍼런스를 제시해야 한다. 근거가 없는 주장이나 아이디어는 블루 에너지의 상사에게 신뢰를 주기 어렵다.

2) 말로 보고하는 것보다 나중에도 재차 확인할 수 있는 서면보고를 해야 한다. 블루 에너지 상사는 근거를 남기는 것을 좋아하기 때문에 구두보고를 했다 하더라도 추후 인쇄된 보고서나 이메일로 자료를 보내서 세밀하게 검토할 수 있도록 해야 한다.

3) 업무에 대한 완성도를 중요하게 생각하기 때문에 공과 사를 구분해 철저하게 일과 관련된 대화를 시도하고, 업무수준에 대한 기대감에 맞춰 기본적으로 일을 완벽하게 처리해야 한다.

─────── **블루 에너지가 후배직원일 때**

1) 일에 대해 간단명료하게 지시해 준다. 군더더기 없이 필요한 말만 정확하게 해주는 것이 좋다.

2) 세밀하게 일처리를 하는 편이므로 시간을 여유 있게 주면서 보고하기를 기다린다. 빠른 업무성과를 재촉하면 오히려 긴장되어 일처리가 늦어질 수 있다.

3) 예의 바른 것을 좋아하기 때문에 불필요하게 관계지향적으로 다가갈 필요가 없고, 공과 사를 구분해 철저하게 업무중심적으로 대해야 한다.

─────── **블루 에너지의 단점을 보완하려면**

1) 일에 몰입하는 열정만큼이나 사람들 간의 관계나 개인적 가치를 존중하는 것이 필요하다. 타인에게 너무 업무중심적인 사람으로 비춰질 수 있으므로 가까이에서 일하는 사람들에게 친밀감을 보여주는 것이 중요하다.

2) 업무적인 대화를 할 때 근거자료와 레퍼런스도 중요하지만, 아이디어가 중요한 프로젝트에서는 사람들의 상상력이나 아이

디어를 존중하는 자세도 필요하다.

3) 자신의 기준에 맞춰 타인을 평가하는 것과 업무수준의 기대감
이 너무 높아 기대수준에 미치지 못할 때 냉담해지는 것을 경
계해야 한다. 타인에 대한 칭찬이나 격려가 부족한 편인데, 일
상적인 칭찬과 긍정적인 피드백은 성과를 높여주는 스킬이라
는 것을 인정해야 한다.

블루 에너지의 성격기질별 특징

타고난 성격		커뮤니케이션 스킬
신중하다 꼼꼼하다 진중하다 의심하다 정중하다	Do	• (말하기 전) 철저히 그리고 잘 준비해 둔다. • (말하는 것을) 적는다. / 메모한다. • 세세한 디테일에 신경을 쓴다
내향형(I) / 사고형(T)	Don't	• 과장하거나 지나치게 감정적으로 말하지 않는다. • 중요한 일에 부주의하거나 무심하게 대하지 않는다. • 이유없이 말이나 결정을 바꾸지 않는다.

성격을 읽으면 접근법이 보인다

　지금까지 사람들의 성격기질에 따른 유형의 특징과 다름을 알아보았다. 어떤 특정한 틀로 사람들을 분류하는 것은 사실 어려운 일이다. 융이 〈심리유형론〉을 발표하자 학계에서는 엄청난 반발이 있었는데, 사람을 어떻게 제한된 유형으로 구분할 수 있는가에 대한 반박이었다. 그러나 융은 사람들을 분류하기 위해 심리유형론을 연구한 것이 아니라 갈등의 원인이 성격기질의 요인에 있다는 것을 밝히기 위해 연구를 한 것이다. 사람들을 몇 가지 유형으로 나눈다는 것 자체는 말이 되지 않지만, 조직에서 사람들과 관계를 맺을 때 사람들의 성격기질에 대한 정보를 가지고 있으면 상대방을 좀 더 잘 이해하고 조율하는데 도움이 될 것이라는 확신이 있었다.

　실제 성격기질 유형 진단을 맹신하거나 완벽하다고 생각할 필요는 없다. 유형 진단은 우리가 살아가는데 있어 더 원활한 소통을 위한 도구로만 활용하면 된다. 진단 결과를 맹신할 필요도 없고 그럴 만한 가치도 없다. 다만 여러 진단도구 중 나에게 맞는 도구를 효과적으로 잘 활용하는 지혜가 필요하다.

우리가 조직에서 일을 하거나 일상생활 속에서 사람들을 대할 때 상대방에 대해 잘 알 수 없지만, 그 사람들의 성격기질을 파악해 그에 맞게 행동하고 대화 스타일을 맞춰준다면 기존에 가졌던 갈등의 많은 부분을 해결하는데 도움이 된다. 왜냐하면 사람들은 모두 자기 중심적인 스타일을 가지고 살아가기 때문에 누군가 자신의 스타일을 이해하고 맞춰주면 친밀감을 느끼기 때문이다. 따라서 융의 성격 기질 관점에서 사람들을 인식해 보고, 그들과 어떻게 지내야 할지, 갈등은 어떻게 해결해야 할지 고민해 보면 의외로 쉽게 문제를 해결할 수도 있을 것이다.

지금 나와 가장 갈등을 많이 일으키는 직장동료, 지인, 가족들 중 한 명을 떠올려 보자. 그리고 그가 융의 6가지 선호경향성 관점에서 어디에 해당되는지, 레드·옐로우·그린·블루 에너지 중 어디에 해당되는지 생각해 보면 지금까지의 나의 모습과 상대방의 모습이 대비되면서 우리가 왜 갈등을 했는지에 대한 키워드들이 나올 것이다. 그것을 가지고 다시 시작해 보는 것이다. 갈등을 일으키는 수많은 이유들이 있지만 성격기질 관점에서 보여지는 것이 매우 크다는 것을 이해하고, 각 기질별로 내가 어떻게 관계를 맺고 연결해야 할지에 대한 전략을 세울 수 있다면 과거보다는 좀 더 수월하게 관계를 맺고 소통할 수 있을 것이다.

다음 표에 함께하고 있는 사람들의 이름 이니셜을 적고, 레드·옐로우·그린·블루 에너지를 추측해 구분해 보고, 내가 노력해야 할 점을 한 번 적어보자. 지금까지 '나' 중심으로 사람들과 관계하고 소통을 해왔다면 앞으로는 상대방의 관점에서 내가 어떻게 노력하는 것이 좋을지 생각해 보는 것이 필요하다. 관계가 제대로 이루어지기 위해서는 타인의 욕구와 니즈를 이해하고 상대방에게 맞추는 것이 가장 중요한 포인트다. 더불어 상대방에게 맞추기 위해서는 상대방의 성격기질을 이해하는 것이 큰 도움이 된다.

이름 이니셜	레드/옐로우/그린/블루	내가 노력할 점

* 레드 : ET(외향적 사고형) / 옐로우 : EF(외향적 감정형) /
  그린 : IF(내향적 감정형) / 블루 : IT(내향적 사고형)

관계와 소통은 끊임없는 노력에 의해 좋아지는 것이다. 막연하게 상대방이 잘해 줄 것이라는 믿음을 가지고 기다리는 것은 어리석은 일이다. 그 누구도 먼저 다가와 주지 않는다. 내가 상대방을 더 많이 이해하고 배려할 때 관계는 좋아지고 더 깊어질 수 있다.

PART 8

라포

관계를
열어주는 문

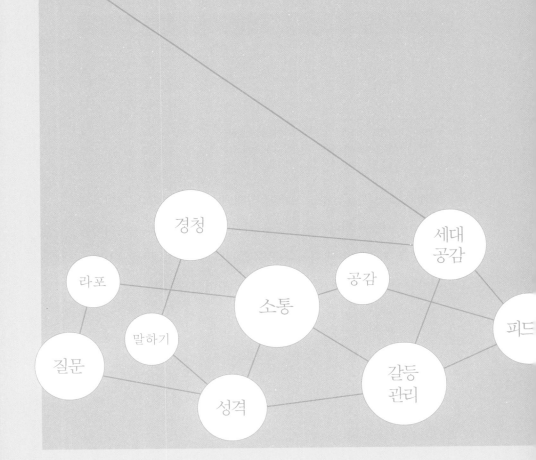

경청

세대
공감

라포

공감

소통

말하기

피드

질문

성격

갈등
관리

우리는 일상에서 그리고 조직에서 매일 대화를 하며 살아간다. 이때 처음 만나는 사람이든 매일 만나는 사람이든 상대방의 상태를 잘 이해하고 대화를 시작하면 대화가 원활하게 진행된다. 여기서 필요한 스킬이 바로 라포(rapport)이다.

라포는 상호신뢰로 이루어진 인간관계라고 할 수 있는데, 대화를 시작할 때 상대방의 수준, 그가 있는 자리, 그 입장에서 마주 보고 앉아 서로 교감하는 것을 말한다. 특히 라포는 신체생리적인 정서와 매우 밀접한 관계를 가지고 있다.

대화 시작의 첫걸음, 라포

'라포(rapport)'는 프랑스어로 수익·이익·관계·보고서라는 의미이지만, 오스트리아의 의학자 프란츠 안톤 메스머와 프랑스의 심리학자 피에르 자네가 의사와 환자 사이의 친화관계를 나타내는 심리학 용어로 처음 도입했다. 그 후 오스트리아의 정신분석학자 지그문트 프로이트가 신경분석 분야에서 신경분석가와 환자 사이의 관계에 사용하면서 널리 확대되었다. 라포는 서로를 잘 아는 상대뿐 아니라 처음 만나는 사람에게도 적용할 수 있는 '마음의 가교' 역할을 할 수 있는 기법이다.

라포는 '보고 느끼는 생리적인 것'을 기반으로 하며, 사람의 오감(시각, 청각, 후각, 미각, 촉각)에서 느껴지는 정보를 활용하여 상대방이 어떤 신체적 상태인지를 파악해 그것을 정확하게 이해하고 맞춰주는 것이다.

─────── 라포 형성시 필요한 것

라포에 성공하기 위해서는 상대
방이 이해받고 있다는 느낌과 적
절하게 반응하고 있다는 느낌을
줘야 한다. 그리고 상대방의 내면
을 이해하기 위해서는 오감을 통

라포는 사람의 오감(시각, 청각,
후각, 미각, 촉각)에서 느껴지는
정보를 활용하여 상대방이 어떤
신체적 상태인지를 파악해 그것
을 정확하게 이해하고 맞춰주는
것이다.

해 상대방의 상태를 잘 관찰해야 한다. 보통 우리는 서로 대화를 할
때 계속해서 상대방을 관찰하게 된다. 그때 그 사람의 얼굴 표정, 몸
의 움직임, 목소리 등 전반적인 상태를 오감을 통해 파악하여 그 사
람의 상태와 나의 상태를 맞춰주면 정서적인 교감을 이룰 수 있게
된다.

이처럼 라포는 상대방의 신체생리적인 것을 기반으로 한다. 예를
들어 상대방의 자세, 손과 발의 위치와 모습, 말할 때의 리듬과 톤,
호흡, 말하는 내용, 그때 느끼는 감정들을 잘 파악해야 한다. 상태를
파악한 후 상대에게 맞는 적절한 반응을 보이면 상대방이 이해받고
있다는 느낌을 받게 되어 라포가 형성되는 것이다.

─────── 눈맞춤과 고개 끄덕임

라포 형성에서 가장 중요한 것은 상대방과 대화를 하면서 눈을
맞추는 것이다. 상대방의 눈을 보면 그 사람의 마음을 느낄 수 있다.
하지만 상대방의 눈을 응시하는 것은 쉬운 일이 아니다. 이는 성격
기질과도 연관성이 있는데, 외향적인 사람들은 눈을 보고 편안하게

말하는 것이 자연스러운 반면, 내향적인 사람들은 눈을 보고 있으면 왠지 어색하고 불편하다는 생각을 갖게 된다.

그러나 성격기질과 상관없이 상대방과 라포를 형성하기 위해서는 눈을 바라보면서 서로의 마음을 읽는 것이 중요하다. 만약 상대방의 눈을 마주하기가 정말 불편하다면 최대한 얼굴 방향으로 시선을 주어야 한다. 볼이나 입술, 이마 등 얼굴 방향을 바라보면 된다. 시선을 얼굴 이외의 다른 곳에 두게 되면 '당신은 내가 하는 말을 듣고 싶지 않군요'라는 인상을 줄 수 있다. 그래서 대화를 할 때는 최대한 상대방의 눈을 보며 얼굴에 시선을 고정시켜야 한다.

또한 상대방의 눈을 보고 이야기하면서 상황에 맞는 적절한 고개 끄덕임은 상대방의 호감을 사는 좋은 리액션이 된다. '내가 당신의 말을 잘 듣고 있다' '당신의 이야기를 진심으로 듣고 있다'는 신호를 주는 것이다. 그렇다고 의식적으로 너무 자주 고개를 끄덕이는 것은 오히려 대화를 방해할 수도 있다.

상대방의 오감을 파악하는 캘리브레이션

라포에 있어 첫 시작단계는 캘리브레이션(calibration)이다. 캘리브레이션은 나의 오감(시각, 청각, 후각, 미각, 촉각)을 민감하게 작동시켜 상대방의 오감을 읽어 내는 것이다. 상대방과 만났을 때 시각적으로 어떻게 보이는지, 목소리의 상태는 어떻게 들리는지 등 오감상태를 잘 살펴보면 상대방이 지금 어떤 상태인지 제대로 파악할 수 있다. 결국 라포의 첫 시작은 상대방의 신체생리적인 오감 상태를 파악하는 캘리브레이션이라고 할 수 있다.

─────── 눈으로 보는 시각적 캘리브레이션

시각을 통해 상대방을 파악하는 것이다. 얼굴 표정이나 안색, 이야기를 듣는 자세, 몸짓, 입술 모양, 손짓, 다리 벌림, 다리를 꼬거나 팔짱을 낀 모습, 몸의 흔들림, 고개의 끄덕임, 호흡 속도, 동공의 크

> 캘리브레이션은 나의 오감(시각, 청각, 후각, 미각, 촉각)을 민감하게 작동시켜 상대방의 오감을 읽어 내는 것이다. 라포의 첫 시작은 상대방의 신체생리적인 오감 상태를 파악하는 캘리브레이션이라고 할 수 있다.

기, 눈물샘, 어깨 모양, 눈썹의 움직임, 눈의 깜빡임, 입을 벌리는 정도, 땀을 흘리는 정도 등으로 상대방의 상태를 확인한다.

라포를 형성할 때에는 시각적인 캘리브레이션이 가장 중요한데, 우리가 눈으로 보고 확인하는 것이 정확성이 높기 때문이다. 시각적으로 상대방의 모습을 통해 지금 이 사람이 긴장하고 있구나, 떨고 있구나, 피곤하구나, 말을 하고 싶지 않구나 등의 상태를 파악하면 그에 맞게 내가 행동을 맞출 수 있다. 표정이 밝고 에너지가 있으면 나도 밝은 표정과 에너지로 대화를 하면 된다.

——— 귀로 듣는 청각적 캘리브레이션

소리를 통해 상대방의 감정을 파악하는 것이다. 목소리 톤, 말하는 속도, 말의 리듬, 억양, 말수, 어미처리, 틈을 두는 방식, 이야기하는 내용, 동조하는 목소리, 웃음, 호흡, 한숨, 말투, 의태어와 의성어의 사용, 감탄사, 말버릇 등을 들으며 상대방이 어떤 상태인지를 확인한다.

상대방의 목소리를 들으니 조용하고 신중하게 이야기한다면 나도 신중한 목소리로 맞추면 된다. 상대방은 신중하게 이야기하는데 나는 큰 목소리로 이야기한다면 라포 형성이 되지 않는다. 상대방을 중심에 두고, 그가 내는 청각적인 신호를 잘 파악하는 것이 중요하다.

촉각과 후각을 통해 상대방을 파악하는 것이다. 악수를 할 때의 체온, 포옹했을 때의 느낌, 향기, 느껴지는 분위기에 따라 상대방의 상태에 맞춘다.

상대방을 만날 때 악수를 하게 되면 느껴지는 촉각적인 것이 있는데, 이를 통해 건강이나 컨디션을 확인할 수 있고 그에게 느껴지는 분위기가 좋은지 나쁜지 우울한지 등도 확인할 수 있다. 또한 상대방에게서 느껴지는 향기나 냄새 등도 그 사람의 상태를 확인하는데 도움이 된다. 시각이나 청각보다는 명확하게 드러나지 않지만 민감하게 확인하면 상대방의 상태를 알 수 있는데, 상대방의 상태가 우울하게 느껴진다면 그런 분위기에 맞게 대화 분위기를 맞춰주는 것이다. 우울한 기분을 떨쳐내는 것이 상대방의 의도라면 오히려 분위기를 반전시켜 밝은 분위기로 맞춰줄 수도 있다.

캘리브레이션은 라포의 시작이다. 나의 오감과 상대방의 오감을 활용해 상대방의 상태를 파악하고 그 상태에 나를 맞추는 것이 핵심이다. 캘리브레이션이 잘되면 상대방은 마음이 편해지며 공감받고 있다는 느낌이 들어 대화를 시작할 때 편한 마음으로 상대방을 대할 수 있다.

상대와 호흡을 맞추는 페이싱

우리는 자신과 비슷한 사람에게서 더 빨리 친밀감을 느끼고 라포 형성을 쉽게 할 수 있다. 이때 상대방의 상태와 나의 상태를 신체적·정서적·언어적으로 맞추는 것이 페이싱(pacing)이다. 특히 처음 만나는 고객에게 무턱대고 회사나 상품을 설명하기보다는 고객이 원하는 니즈와 요구사항을 먼저 확인하는 것이 중요하다. 그리고 상대방의 신체적·정서적·언어적 상태에 맞추어 대화를 하게 되면 고객은 더욱 편안한 마음으로 자신의 니즈를 이야기할 것이다. 상대방이 하고 싶은 이야기를 꺼내게 하는 라포 스킬이 바로 페이싱이다.

——— 상대방과 보조를 맞추는 페이싱

페이싱은 '보조를 맞춘다'는 뜻으로, 우리가 마라톤을 할 때 동반자와 함께 나란히 뛰기도 하는데, 그런 것이 서로 보조를 맞추는 것이다. 마찬가지로 상대방과 대화를 할 때 내가 상대방의 모든 것에 보조를 맞추는 것이 페이싱이다.

페이싱은 일명 BMW로 정의할 수 있는데, Body(신체)는 눈의 위치, 자세, 움직임에 대해 보조를 맞

> 페이싱은 '보조를 맞춘다'는 뜻으로, 상대방의 상태와 나의 상태를 신체적·정서적·언어적으로 맞추는 것이다. 상대방이 하고 싶은 이야기를 꺼내게 하는 라포 스킬이 바로 페이싱이다.

추는 것이다. Mood(정서)는 음정, 음색, 호흡, 분위기에 대해 보조를 맞추는 것이며, Word(언어)는 말의 내용, 음의 고저, 강약에 보조를 맞추는 것이다.

실제 상대방과 대화를 하는 상황을 가정해 보면 상대방에 대한 캘리브레이션이 이루어진 후에 내가 상대에게 맞추기 위해 페이싱 스킬이 들어가면 상대방은 무의식적으로 나의 말에 공감하게 된다. 이때 신체·정서·언어를 동일하게 맞추면서 전반적으로 그 흐름을 적절하게 매칭시키는 것이 중요한데, 각각의 페이싱 방법을 구체적으로 알아보자.

——— Body(신체)

상대방이 취하고 있는 자세나 손발의 위치를 모방한다. 이야기를 듣는 자세, 고개를 기울인 모양, 다리를 꼬거나 팔짱 낀 모습, 태연하게 고개 기울이기, 상대가 테이블 위에 올려놓은 손의 위치를 따라 하는 것 등 상대방의 자세를 모방하면 상대방은 호감과 친밀감을 느끼게 된다.

식사를 할 때 숟가락을 들거나 젓가락질하는 모습을 비슷하게 따라 할 수도 있다. 또 상대방이 웃으면 나도 밝게 웃어주고, 말할 때 표정이 일그러지면 나도 살짝 같이 일그러뜨린다. 안타까운 표정을 짓거나 힘들어하면 나도 비슷한 느낌의 표정을 짓는 것이 좋다. 이 때 지나치게 똑같이 따라 하기보다는 자연스럽게 리듬을 맞추는 것이 좋다. 상대방이 손동작을 하면 가볍게 리듬을 맞추는 것도 하나의 방법이다. 상대가 다리를 떨고 있을 때 가볍게 리듬을 맞춰 손을 움직이면 상대방이 진정될 수 있다.

———— Mood(정서)

상대방이 가진 신념, 사고방식, 가치관을 듣고 그것에 동조하는 뉘앙스로 이야기하면 보조가 맞춰지게 된다. 상대방은 자신과 비슷한 사고를 가진 사람들에게 친밀감을 느끼기 때문이다.

또 상대방의 감정을 잘 파악해 맞추는 것도 중요하다. 상대방이 흥분해 있으면 나도 같이 동조해 흥분한 느낌을 전달하고, 우울한 감정을 가지고 있으면 우울한 컨셉으로 대화를 하는 것이다. 이처럼 감정을 맞춰주면 상대에게 협조하고 동의한다는 의미를 잘 전달할 수 있다. 또 상대방이 하는 이야기를 충분히 들어주고 동조해 주는 것도 경험을 공유하는 느낌을 주게 되어 친밀감과 호감이 느껴지게 된다.

상대방이 많이 쓰는 단어를 함께 쓰는 것도 페이싱의 중요한 스킬이다. 상대방이 쓰는 특정 단어들을 중간중간 같이 사용하면 상대방은 편안함을 느끼게 된다. 또한 상대방이 유난히 영어 단어를 많이 사용한다면 나도 영어 단어를 종종 사용하여 친밀감을 높일 수 있다.

목소리 톤의 강약, 말하는 속도, 어조 등을 맞추는 것도 상당히 중요한 페이싱 스킬이다. 목소리는 분위기나 강약 정도만 비슷하게 맞춰도 상대방은 편안함을 느낀다. 상대방이 활기차게 이야기하면 나도 활기차게, 차분하게 이야기하면 나도 차분하게 이야기하는 것을 기본으로 하면 된다. 이때 전체적인 분위기와 컨셉만 맞추면 되며, 모든 것을 똑같이 따라 할 필요는 없다.

처음 시작은 어렵지만 페이싱을 염두에 두고 상대방과 대화를 하다 보면 어느 순간 나도 자연스럽게 상대방을 따라 하게 되고, 그것이 공감으로 연결된다. 상대방을 편하게 만들어 주면 대화의 속도가 진전되고, 처음 생각했던 것보다 훨씬 풍부한 이야기와 생각지도 못했던 내용들이 나오기도 한다.

거울을 보듯 함께 호흡하는 미러링

　페이싱의 하나로, 미러링(mirroring) 스킬이 있다. 단어의 뜻 그대로 거울을 보듯이 상대방을 따라 하는 것이다. 큰 거울 앞에 서서 다양한 얼굴 표정도 지어보고 몸동작을 해보면 거울 속의 나는 내가 원하는 모습 그대로를 보여준다. 이런 행동을 하는 것이 미러링인데, 만약 상대방이 거울 속의 나처럼 똑같이 따라 한다면 기분이 어떨까? 물론 모든 것을 똑같이 따라 하면 이상할 것이다. 그러나 상대방이 이야기를 하면서 내가 하는 행동을 비슷하게 한다면 상황은 달라진다.

　예를 들어 커피를 마시며 대화 중이라면 상대방이 커피잔을 들때 조금 후에 나도 커피잔을 드는 것이다. 상대방이 머리를 만졌다면 나도 조금 후에 머리를 만지고, 다리를 꼬고 이야기한다면 나도 따라서 다리를 꼬는 식이다. 이렇게 미러링을 하게 되면 상대방의 무의식이 열리면서 자신도 모르게 친근함과 편안함을 느끼게 된다.

그런데 상대가 하는 모든 행동을 마치 거울을 보듯이 따라 하게 되면 상대방은 오히려 불쾌감을 느끼게 된다. 따라서 간단한 행동에 대해 미러링을 하거나 말의 내용에 대해 미러링을 하는 것이 상대방에게 친근감을 주면서 대화의 몰입에 도움이 된다.

필자 역시 직접 미러링을 실험하면서 대단한 몰입력을 경험한 적이 있다. 경력코칭을 받으러 온 직장인과 처음 만나 어색했지만 이런저런 이야기를 나누었다. 이때 나는 미러링 연습을 한다는 생각으로 지속적으로 그분이 이야기할 때 미러링 기법을 활용했다. 커피잔을 들면 나도 잠시 후에 커피를 마시고, 손을 책상 위에 올리면 나도 조금 후에 손을 올리고, 의자 뒤로 등을 기대면 나도 따라 하는 등 전혀 어색하지 않게 간헐적이면서도 의도적인 미러링을 했다. 그러자 놀랍게도 이분은 짧은 시간 안에 자신의 개인적인 이야기를 모두 털어놓았다. 경력관리에 대한 코칭을 받으러 왔지만 회사에서의 개인적인 어려움부터 가정에서의 힘든 상황까지 자신이 고민하는 많은 부분을 이야기하는 것이다. 첫 만남이었고 어색한 상황이었는데 라포에서의 미러링이 잘되어 대화가 순조롭게 이어졌다. 미러링의 힘을 확인하는 자리였다.

여기서 유의할 점은 미러링은 상대방의 모든 동작을 똑같이 따라 하는 것이 아니다. 대화를 하면서 적절하게, 간헐적으로 따라 하되 어색하지 않게 따라 하는 미러링은 라포 형성에 큰 도움이 된다.

상대의 무의식을 열어주는 백트레킹

상대의 말에서 어미나 키워드를 되풀이하며 상대방의 무의식을 열어주는 기법을 백트레킹(backtracking)이라고 한다. 상대방의 이야기를 경청하면서 중간중간 말의 어미를 따라 하며 상대에게 호응해 주는 기법이다. 우리는 흔히 이런 방식을 리액션(reaction)이라고도 말하는데 의미는 조금 다르다. 리액션은 상대방이 이야기할 때 반응을 하는 것이지만, 백트레킹은 어미를 따라 하거나 반복하며 좀 더 적극적으로 반응하는 행위라고 할 수 있다.

예를 들어 후배직원이 "오늘 보고서 작업하느라 너무 힘들었어요"라고 말하면 "아… 김 대리, 보고서 때문에 많이 힘들었군요"라고 말해주는 것이다. 이렇게 반응을 보여주고 필요하다면 말을 더 붙일 수도 있다. "오늘 보고서 때문에 많이 힘들었으니 좀 일찍 퇴근해서 쉬는 게 어때요?"라고 백트레킹에 이어서 말을 덧붙인다면 상대방은 더욱 더 고마움과 친근감을 느낄 것이다. 다양한 여러 사례를 살펴보자.

- 오늘 일이 정말 바빴어요. → 그랬군요. 무척 바빴나봐요. (어미 반복)
- 팀장님, 오늘 날씨가 정말 좋네요. → 그러게요. 오늘 날씨 정말 좋죠. (어미 반복)
- 요새 일이 많아 항상 막차를 타고 집에 가요. → 막차를 타고 집에 가려면 정말 힘들겠어요. (내용에 대한 느낌 전달)
- 체력에는 자신이 있는데 잠이 부족해 그런지 요즘은 너무 피곤해요. → 많이 피곤하군요. 월차 여유가 있으면 하루 정도 쉬는 건 어때요? (내용에 대한 느낌 전달)

우리는 살아가면서 수많은 대화를 한다. 그런데 상대방이 이야기를 했을 때 대꾸를 하지 않거나 무성의하게 대답하면 불쾌감을 느끼게 된다. 내가 말을 했는데 상대방이 아무런 반응이 없다면 기분이 어떻겠는가? 어느 날 팀장이 지나가면서 "김 대리, 오늘 컨디션이 좋아 보여요?"라고 말을 건넸는데 아무런 대답이 없다면 팀장의 기분이 어떨까? 어떤 말에 대해 아무런 피드백이 없다는 것은 상대방에게 불쾌감과 당황스러움

> 백트레킹은 상대방의 이야기를 경청하면서 중간중간 말의 어미를 따라 하며 상대에게 호응해 주는 기법이다. 이야기를 듣다가 중요하다고 생각되는 말에 호응해 주고 반응해 주자.

을 준다. 이때는 나의 기분 상태와 상관없이 "아, 네. 오늘 컨디션이 무척 좋네요"라던가 "아, 그런가요? 별 일은 없지만 그렇게 이야기해 주시니 컨디션이 좋아지는 것 같네요" 등과 같이 백트레킹을 해 주면 말을 하는 팀장도 기분이 좋아지면서 자연스럽게 말을 이어갈 수 있을 것이다.

백트레킹은 키워드와 어미를 반복하거나 상대방의 이야기를 요약해 대답해 줘도 된다. 다만 모든 말을 따라 하며 내용을 확인하는 것처럼 해서는 안 된다. 상대방이 이야기하는 모든 말을 따라 하면 놀린다는 느낌을 받을 수 있다. 따라서 이야기를 듣다가 중요하다고 생각되는 말에 호응해 주고 반응해 주는 백트레킹이 필요하다.

상대를 내 편으로 만드는 리딩

지금까지 대화의 첫 시작인 라포의 캘리브레이션, 페이싱, 미러링, 백트레킹을 살펴봤다. 보통 대화를 할 때 라포 스킬을 제대로 활용한다면 충분히 친밀감을 느끼게 된다. 그런데 대화에는 면담이나 다른 팀과의 협상 등 목적을 가진 대화가 많다. 이처럼 문제해결이 필요한 대화나 상대방의 니즈를 파악해야 하는 상황에서 나에게 유리한 방향으로 대화를 이끌어 가는 것을 리딩(leading)이라고 한다.

세일즈 상황의 예를 들면 리딩은 자신의 목적을 달성하는 마지막 단계이다. 처음 만난 고객에게 세일즈맨이 자신의 상품을 구매하도록 설득하는 것은 좀처럼 쉬운 일이 아니다. 그런데 훌륭한 세일즈맨들을 분석해 보면 대부분 라포 형성을 잘한다. 자신의 상품을 설명하기보다 고객의 이야기를 잘 들어주고 고객이 무엇을 원하는지 파악하려고 노력한다.

리딩은 문제해결이 필요한 대화나 상대방의 니즈를 파악해야 하는 상황에서 나에게 유리한 방향으로 대화를 이끌어 가는 것이다. 따라서 리딩은 대화를 할 때 내가 원하는 방향대로 가고 있느냐가 핵심이다.

우선 캘리브레이션을 통해 상대방의 상태를 파악하고, 고객이 말할 때 페이싱·미러링·백트레킹을 활용해 고객의 무의식을 열어주어 편안함을 느끼게 한다. 그리고 친밀감이 생겼을 때 비로소 고객이 필요한 상품에 대한 설명이나 소개를 하면 된다. 이때 고객이 그 상품에 대해 호감을 가지게 되었다면 내가 의도한 리딩의 단계가 된 것이다. 이처럼 라포를 통해 최종적으로 내가 원하는 방향까지 가는 것이 리딩이다.

리딩은 대화를 할 때 내가 원하는 방향대로 가고 있느냐가 핵심이다. 대화는 서로가 상생(win-win)해야 하는 것이지만 결국 누군가가 원하는 방향으로 가게 되는 경우가 더 많기 때문에 리딩을 통해 내가 원하는 방향으로 자연스럽게 끌고 가는 것이 중요하다.

상대의 마음을 읽을 수 있는 눈동자

존 그라인더와 리처드 밴들러가 만든 NLP(Neuro-Linguistic Programming)에서는 사람의 눈동자를 통해 심리적인 상태를 읽어 내는 방법이 있다.

신경활동의 생리반응 중 눈의 반응은 내면을 들여다볼 수 있는 거울 역할을 한다. 그래서 아랍의 보석 상인들은 내적 동요를 드러내 보이지 않기 위해 색안경을 쓰고 흥정을 한다고 하니 눈은 사람들의 생각을 들여다볼 수 있는 중요한 부분임에 틀림없다. 사람들은 타인의 눈을 통해 그 사람이 가진 생각과 느낌을 추측할 수 있고, 그것은 상당 부분 맞아 떨어진다. 존 그라인더와 리처드 밴들러는 이러한 눈의 활동패턴을 연구해 비언어적인 내적활동의 정보를 이끌어 냈다.

사람들은 어떤 기억을 떠올릴 때 정보를 탐색하고 생각을 이끌어 눈동자의 접근단서가 80~85%의 정확도를 보인다고 한다. 눈동자가 위쪽으로 움직이는 것은 시각, 눈동자가 수평으로 움직이는 것은 청각, 눈동자가 아래쪽으로 움직이는 것은 내적인 대화를 하거나 신체감각과 관련이 있다.

내기 위해 내적인 활동을 하는데, 그 순간 가장 쉽게 감지되는 것이 눈동자의 움직임이다. 무언가를 골똘히 생각하고 있는 사람들은 자신의 모습을 스스로 인식하지 못한 채 눈동자를 올리거나 내리는 등 다양한 방향으로 움직인다. 그리고 이러한 눈동자의 움직임은 상대방의 생각을 읽을 수 있는 중요한 정보가 되며, 이러한 일정한 패턴은 모든 사람들에게 공통적인 형태로 나타난다.

사람들이 눈동자를 돌리고 움직이는 행위는 자신만의 생각을 하고 있는 상태이다. TV 토론 프로그램에서 당황스런 질문을 받은 패널은 눈동자가 온전치 못하고 이리저리 돌아가거나 흔들린다. 예능에서는 '동공지진'이라는 말을 쓰지만 실제로는 어떤 말을 해야 할지 생각하는 중이다. 즉각적인 말은 나오지 않고 어떻게 이야기하는 것이 가장 효과적일지 생각하는 단계이다. 그런 상황에서 눈동자의 방향에 따라 패널이 거짓말을 하는 것인지, 고민을 하는 것인지, 과거의 기억을 떠올리는 것인지 알 수 있다. 만약 사람들과 대화를 하는 순간에 눈동자의 움직임을 세밀하게 감지할 수 있다면 상대방의 마음을 효과적으로 읽을 수 있다. 그러면 그 감정이나 느낌을 더 잘 이해할 수 있기 때문에 효과적으로 대화를 할 수 있게 된다.

미국NLP협회의 존 라발레는 눈동자의 접근단서가 80~85%의 정확도를 보인다고 설명한다. 하지만 눈동자의 움직임은 매우 빨리 일어나기 때문에 캘리브레이션을 할 때 주의깊게 바라봐야 한다. 이 때 상대방이 왼손잡이일 경우에는 반대로 작용하는 경우도 있으므로 자세하게 관찰하기 위해서는 그 부분까지도 확인하는 것이 좋다. 눈동자가 위쪽으로 움직이는 것은 시각, 눈동자가 수평으로 움직이는 것은 청각, 눈동자가 아래쪽으로 움직이는 것은 내적인 대화를 하거나 신체감각과 관련이 있다. 다음의 눈에 대한 접근단서는 《NLP 기본과 원리》(전경숙, 학지사, 2012)를 참조했다.

─────── **좌상향(기억된 시각)**

'지난주 회의시간에 무슨 내용이 오갔나요?' '지난 주말 에버랜드 갔을 때 무슨 옷을 입었어요?'라는 질문을 받으면 순간 눈동자는 왼쪽 위로 올라간다. 과거의 경험이나 기억을 끄집어낼 때는 눈동자가

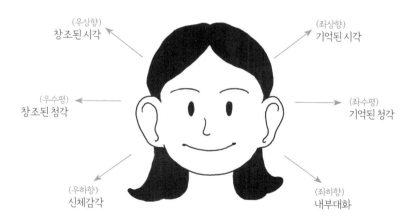

(우상향)
창조된 시각

(좌상향)
기억된 시각

(우수평)
창조된 청각

(좌수평)
기억된 청각

(우하향)
신체감각

(좌하향)
내부대화

자신의 얼굴을 기준으로 왼쪽 위로 올라간다. 이것은 대부분 시각적인 이미지를 떠올리는 상태다. 이때 주의할 점은 너무 급히 많은 질문을 하지 말고 기억을 끄집어낼 때까지 기다려 주는 것이 좋다. 기억해 내고 있는데 자꾸 말을 걸면 흐름이 끊길 수 있기 때문이다. 실제로 사람들은 지나간 생각을 끄집어낼 때 눈동자를 왼쪽 위로 움직이면 쉽게 생각이 난다고 한다.

——— 우상향(창조된 시각)

'화성에는 물이 있을까요?' '물고기는 어떻게 사랑을 할까요?'와 같이 다소 상상하기 어렵거나 경험해 보지 못한 질문을 받으면 눈동자가 오른쪽 위로 올라간다. 이것은 창조된 시각으로, 지금까지 경험해 본 적이 없거나 모르는 일에 대한 이미지를 상상하려고 할 때 오른쪽 위로 눈동자가 올라간다.

'당신이 10년 후에 가장 하고 싶은 일은 무엇입니까?' '5년 뒤에 당신이 하고 싶은 카페를 어디에 열고 싶습니까?'라는 질문을 받는다면 자연스럽게 오른쪽 위로 눈동자가 올라가며 상상을 하고 있을 것이다. 아예 눈동자를 오른쪽 위로 올리고 미래를 생각해 보거나 나의 꿈과 비전 등을 생각해 보면 더 수월하게 생각을 떠올릴 수 있다. 이때 시선의 방향은 본인을 중심으로 생각하는 것이니 상대방의 시선을 파악할 때는 반대 방향이라는 것을 염두에 두어야 한다.

좌수평(기억된 청각)

'10년 전 가장 좋아했던 노래는 무엇입니까?' '옛날에 갔었던 바다 중 파도소리가 가장 좋았던 곳은 어디입니까?'라는 질문을 받았다면 이때 눈동자는 왼쪽 수평으로 이동하고 있을 것이다. 과거의 청각적인 소리를 느낄 때는 대체로 왼쪽으로 움직인다. 타인에게 들은 이야기가 생각나지 않으면 왼쪽으로 눈동자를 돌려서 생각해 보면 기억이 나는 경우도 있다.

우수평(창조된 청각)

소리에 대해 창조되는 상황이 발생하면 오른쪽 수평으로 눈동자가 움직인다. 이태리 식당에서 파스타를 만드는 쉐프가 이태리어로 설명을 한다면 어떻게 들릴까? 눈동자가 오른쪽으로 돌아가면서 상상하게 된다. '화성에서 바람이 분다면 어떤 소리가 들릴까?'라는 질문을 받았을 때 눈동자는 오른쪽으로 돌아가면서 과연 어떤 소리일까를 창조하면서 생각하는 것이다.

좌하향(내부대화)

눈동자가 왼쪽 아래로 움직이는 것은 자신의 마음과 '내적 대화'를 하는 상황이다. '당신이 가장 사랑하는 사람 3명만 말씀해 보세요'라는 질문을 받으면 눈동자가 왼쪽 아래로 향하면서 생각을 하게 된다. '어머니' '아버지' '오빠' 이렇게 생각하면서 대화를 할 때는 눈동자가 왼쪽 아래로 향하게 된다. 이렇게 내적 대화를 하는 질문을 던졌을 때는 조금 더 생각할 수 있도록 대화의 속도를 조절하면 좋다.

'10년 후 비전은 무엇입니까?'라는 질문을 던지면 눈동자가 왼쪽 아래로 향하면서 곰곰이 생각해 볼 것이다. '내가 정말 10년 후에 무엇을 할 수 있을까?'라는 화두를 가지고 내적 대화를 하게 된다. 이렇게 생각을 하다가 눈동자를 위쪽으로 올려서 과거에 내가 생각했던 기억을 떠올리면 문제가 해결되기도 한다.

우하향(신체감각)

신체감각과 관련된 질문을 던지면 눈동자는 오른쪽 아래로 움직인다. '여름에 해수욕장에서 수영을 하면 어떤 느낌이 들어요?' '겨울에 아이스크림을 먹으면 어떤 느낌이에요?'와 같은 질문을 받으면 눈동자가 오른쪽 아래로 내려가면서 생각을 하게 된다. 일반적으로 경험해 본 적이 있는 기억을 떠올리거나 즐겁거나 화났을 때의 감정을 생각할 때도 오른쪽 아래로 움직이게 된다.

이처럼 눈동자라는 비언어적 커뮤니케이션을 활용하면 상대방의 감정과 생각을 이해하는데 도움이 된다. TV에서 인터뷰를 하거나 토론을 하는 장면을 보면서 그들의 눈동자를 잘 확인해 보자. 질문에 따라 눈동자가 움직이며 실제 상대방이 거짓말을 하는지, 상상력을 발휘하는지 등을 알 수 있을 것이다. 물론 찰나에 움직이는 눈동자를 미세하게 확인하는 것은 쉬운 일이 아니다. 그러나 상대방이 어떤 상태인지, 어떤 감정으로 이야기하는지를 계속 주시하면서 대화를 하다 보면 어느 순간 익숙해지고 대화에 큰 도움이 될 것이다.

리처드 밴들러는 소통의 90%가 비언어적 정보이며 10%만이 의미를 지닌 언어라고 말한다. 우리가 대화를 하면서 비언어 커뮤니케이션을 무엇보다도 중요하게 생각해야 하는 이유가 여기에 있는 것이다.

지금까지 라포의 중요성과 스킬에 대해 알아보았다. 소통에도 스킬이 있다. 대화를 할 때 눈을 보면서 고개를 끄덕이고, 오감으로 상대방을 파악하는 캘리브레이션, 페이싱, 미러링, 백트래킹을 활용한다면 상대방은 자신에게 집중하고 있다는 것을 느끼며 마음을 놓게 된다. 진정한 대화는 이렇게 시작된다. 라포 스킬을 반복해서 활용하다 보면 어느새 나의 몸에 습관이 되어 의식하지 않아도 페이싱, 미러링, 백트래킹이 자연스럽게 나올 것이다. 그렇게 되면 진심으로 소통을 잘하는 사람이라는 말을 듣게 된다. 그렇지 않다면 몸에 익을 때까지 연습해야 한다.

말을 한다는 것은 그냥 잘하면 되는 것이 아니다. 각 상황에 맞게, 프로세스에 맞게 대화를 잘해야 한다. 특히 면담을 하거나 협상을 할 때처럼 목적이 있는 대화라면 라포 스킬은 더욱 중요하다. 진정한 라포가 형성되었을 때 자신의 이야기를 더 진술하고 정확하게 표출할 수 있다. 따라서 내가 원하는 방향으로 상대방을 이끌어 가려면 라포 형성은 기본 중의 기본이다.

PART
9

갈등관리

갈등은
성과의 촉진제

경청

세대
공감

라포

공감

소통

피드

말하기

질문

갈등
관리

성격

사람과의 관계는 갈등의 연속이다. 함께 대화하고 관계를 시작하면서부터 갈등은 시작된다. 특히 동양에서의 갈등은 바로 해결하지 않고 덮어두기 때문에 나중에 더 큰 문제가 되기도 한다. 갈등이 생겼을 때 회피하지 말고 그 상황을 명확히 관찰한 후 7단계 프로세스에 따라 해결하면 된다.

갈등은 살아가면서 피할 수 없는 고통이지만 잘 해결되면 한 단계 도약할 수 있는 성장의 원동력이 되기도 한다.

우리는 수많은 갈등 속에 살고 있다

소통을 하면서 겪는 가장 큰 어려움은 상대방과의 갈등이다. 갈등이 생겼을 때 그것을 어떻게 해결하느냐가 소통능력을 크게 좌우한다. 그렇다면 먼저 갈등의 정의를 확인해 볼 필요가 있는데, 갈등에 대한 정의는 서양과 동양이 다르다.

갈등의 정의는 서양과 동양이 다르다

먼저 서양에서의 갈등은 영어로 Conflict, 즉 양립할 수 없는 것이 서로 충돌하는 전쟁으로 본다. 이기거나 또는 지거나(win or lose) 둘 중 하나라는 것이다. 과거 할리우드 서부영화를 보면 마을에서 2명에게 갈등이 생기면 타협하거나 협상하는 대신 총을 들고 서로 등지고 걸어가다 적당한 타임이 왔을 때 돌아서서 상대방에게 총을 쏘는 장면이 나온다. 이처럼 서양에서는 갈등이 생기면 상대방을 아예 죽이거나 내가 죽는 방식을 택하는 것이 갈등 해결방법이었다. 이 방법은 보기에는 잔인하거나 무모해 보이지만 실제 뒤끝이 남지 않는다는 점에서 갈등이 완전히 해소되는 상황이 된다.

서양과 동양은 갈등 해결방법이 다르다. 특히 동양의 경우 서로 화해하고 양보하면서 갈등을 해결하려다 보니 지금 당장은 갈등을 해결한 것처럼 보이지만 실제로는 갈등이 가려져 있을 뿐, 안에서는 살아 있는 것이다.

반면 동양에서의 갈등은 둘 이상의 개인들이 서로 조화를 이루지 못하는 상태(incompatible situation), 경쟁적이거나 적대적인 행동이 유발되는 상태(competitive or antagonistic state)라고 할 수 있다. 실제 한자로 갈등(葛藤)의 의미는 칡과 등나무가 서로 얽혀 있는 것과 같이 좀처럼 풀리기 어려워 보이는 상황을 말한다. 그럼에도 불구하고 동양에서의 갈등 해결방식은 매듭을 풀고 공존하는 방법을 찾는다. 서양처럼 끝장을 보는 것이 아니라 어떤 방법을 써서라도 서로 화해하고 양보하면서 갈등을 해결하려고 한다. 아직 해결되지 않은 갈등이 존재한다는 사실을 알면서도 구체적인 문제로 드러나기 전까지는 갈등상황을 외면하는 것이다. 즉, 지금 당장은 갈등을 해결한 것처럼 보이지만 실제로는 갈등이 가려져 있을 뿐, 안에서는 살아 있는 것이다. 그래서 시간이 지나면 갈등이 다시 수면 위로 떠오르게 되고, 수많은 정치적·사회적인 문제들이 이런 동양식 갈등 해결방식 때문에 발생하는 경우가 많다.

살아가면서 우리는 수많은 갈등을 겪으며 살고 있다. 그렇다면 소통에 있어 갈등은 왜 생기는 걸까? 여러 요인이 있겠지만 그중에서 가장 큰 것은 개인과 개인 각자의 신념과 가치관 차이 때문이다. 어떤 이슈에 있어 A와 B가 바라보는 관점은 개인의 신념과 동기가치가 많은 영향을 미친다. 따라서 이것을 좁히거나 타협하지 못하면 갈등은 사라지지 않으며, 자신의 동기가치가 지나치게 확대·과도하게 나타날 때 그것은 마찰이 된다. 이때 차이가 이해되고 인정되지 않으면 양쪽이 경쟁하거나 한 쪽이 다른 쪽을 지배·복종시킬 수도 있다. 결국 타협이 되지 않는다면 갈등은 최악의 결론에 도달하게 되는 것이다.

적당한 갈등은 성과를 향상시킨다

갈등의 정도는 조직의 생산성에 영향을 미치는데, 갈등이 너무 없을 때에는 창의성이 결여되고 무관심해지며 조직이 정체된다. 이는 팀의 효율성이나 성과에 나쁜 영향을 미치게 된다. 반대로 갈등이 너무 심해졌을 때에는 생산성이 떨어지며 조직문화가 파괴적으로 변하여 협력하지 않기 때문에 많은 문제가 생기게 된다.

그래서 갈등은 적당한 것이 가장 좋다. 갈등의 상태가 적절할 때 팀의 효율성과 성과는 올라가게 된다. 왜냐하면 적당한 갈등은 상호 간에 협력적으로 일하고 문제가 무엇인지 스스로 찾기 때문에 자신을 성찰하는 계기가 되며, 이를 통해 조직은 혁신적으로 변하게 된다. 따라서 적당한 갈등은 조직의 팀워크나 협력, 조직의 성과에 긍정적인 영향을 미치게 되는 것이다. 갈등에는 순기능과 역기능이 있는데, 각각 살펴보도록 하자.

갈등의 순기능

갈등의 순기능으로는 첫째, 사람들이 갈등에 직면했을 때 평상시보다 더 혁신적이 된다는 점이다. 갈등이 생겼다는 것은 서로의 생각이 다르다는 것을 의미하기 때문에 그것을 해결해 나가려고 노력하다 보면 조직의 변화에 기여할 수 있고, 그 변화가 이루어졌을 때 혁신이 일어나게 된다.

둘째, 갈등은 다양한 심리적 욕구를 충족시킬 수 있다. 사람들의 욕구는 모두 다르기 때문에 그 차이로 인해 생기는 갈등이 해결된다면 개인들이 가지고 있는 다른 욕구들을 충족시키는 계기가 되기도 한다.

셋째, 갈등은 가치 있는 변화와 혁신을 이끌어 낼 수 있다. 가만히 머물러 있는 조직이 변화와 혁신을 만들어 낼 수는 없다. 갈등을 통해 조직의 문제점을 이끌어 내고, 그것을 해결하기 위해 노력하는 과정에서 자연스럽게 변화와 혁신이 이루어지는 것이다.

이처럼 갈등의 긍정적 측면을 강조하여 성과를 끌어올리는 것은 다양한 관점에서 볼 때 조직에 유리하다. 적절한 갈등은 팀 생산성 향상, 개방적 의사소통, 동기유발, 창의성 증대, 문제해결 능력 향상, 상호관계 강화, 팀 응집력 강화, 팀 목표달성에 기여, 팀 성장 및 발전을 촉진할 수 있기 때문이다.

> **갈등의 순기능**
> 1) 사람들이 갈등에 직면했을 때 평상시보다 더 혁신적이 된다.
> 2) 갈등은 다양한 심리적 욕구들을 충족시킬 수 있다.
> 3) 갈등은 가치 있는 변화와 혁신을 이끌어 낼 수 있다.

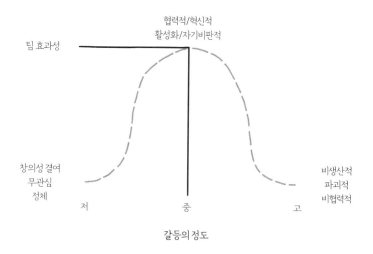

협력적/혁신적
활성화/자기비판적

팀 효과성

창의성 결여
무관심
정체

비생산적
파괴적
비협력적

저 　　　　　　 중 　　　　　　 고

갈등의정도

갈등을 자극하기 위한 방법으로는 개인적인 경쟁을 증대시키거나 직무나 상황에 위협적인 정보를 제공하는 것이다. 또한 역할에 대한 갈등을 일으키게 하거나 보상을 차별화하는 것도 방법 중 하나이다. 그러나 무리한 욕심을 내면 문제가 생기기 때문에 조직이나 개인에게 있어 감당할 수 있는 갈등 정도를 파악하여 그것을 유지하는 노련함이 필요하다.

─────── **갈등의 역기능**

반면에 갈등의 역기능도 존재하는데 첫째, 생산성이 저하되는 것이다. 갈등이 너무 심해지면 서로에 대해 부정적인 감정이 생기기 때문에 오히려 일을 충실히 하지 않거나 서로 협조하지 않게 되면서 생산성이 떨어질 수 있다.

둘째, 갈등은 종종 자신의 이익만을 과도하게 주장하여 상대를 무너뜨려야 할 원수나 적으로 만들기도 한다. 특히 갈등이 심해지면 상대방을 아예 배제시키고 싶어 하는 심리를 갖게 된다. 따라서 동료가 적이 될 수도 있고 동료를 제거하기 위해 많은 에너지를 소비하다 보면 조직은 어려움이 더 커질 수 있다.

셋째, 개인들 간의 지속적인 갈등은 일부 사람들의 정서적·신체적 안위를 해칠 수 있다. 조직의 갈등이 개인 간의 갈등으로 번지게 될 경우 사람들은 극도의 스트레스를 받게 되며 정신적·신체적인 영향을 받게 된다. 특히 상사와 후배직원 간의 극심한 갈등은 후배직원의 몰입을 방해하고 결국에는 회사를 떠나게 되는 최악의 상황을 만들 수 있다. 따라서 조직에서 부정적인 갈등이 생겼을 때 그 기간은 짧아야 하며, 발생 즉시 해결하는 것이 가장 바람직하다.

이처럼 갈등은 조직이나 개인에게 있어 정보의 흐름 차단, 관련 정보 비공유, 문제해결 및 의사결정 마비, 불신 조장, 팀 사기 저하, 자원과 시간 낭비, 왜곡된 자원배분, 상호 대립 등으로 나타날 수 있다.

갈등의 역기능을 제거하기 위해서는 조직의 상위목표를 찾아 그 목표를 같이 이룰 수 있는 협력의 그림을 그려야 한다. 일례로 갈등이 존재하는 집단의 리더들과 하위그룹을 다양한 방식으로 연결하여 갈등의 문제에 대해 협력할 수 있는 방법들을 고민해 보는 것이다. 관계개선을 위한 팀워크 향상 교육을 실시하거나 집체교육이나 워크숍을 통해 서로의 어려움을 이해하고 갈등을 해결할 수 있는 솔루션을 찾아보는 것도 필요하다. 갈등이 존재하는 조직이나 팀이 함께 공동행사를 실시하는 것도 좋은 방법이다. 갈등이 있는 조직이 함께 어우러져 프로젝트를 하거나 행사 등을 마련해 관계를 맺다 보면 서로 오해하고 있는 갈등들이 자연스럽게 해결될 수도 있기 때문이다.

사람마다 갈등을 해결하는 방법이 다르다

갈등이 생기는 상황을 살펴보자. A와 B는 각자 개인의 신념·가치관·성격·욕구가 다르기 때문에 어떤 이슈에 대해 갈등이 생기기 시작했다. 이 둘이 상호작용을 지속하다 보면 그 과정에서 누가 옳고 그른가에 따라 지배·복종의 관계가 생기거나 또는 경쟁을 할 수도 있다. 아니면 A와 B는 서로 상호의 가치를 인정하고 협력을 하거나 통합을 할 수도 있다.

지배와 복종을 하는 갈등관계에서는 그 과정에서 억압과 저항·반항이 있을 것이고, 결과적으로 아이디어와 공헌이 사라지게 된다. 경쟁을 하는 갈등관계에서는 그 과정에서 서로 경합하거나 투쟁할 것이며, 상호경쟁적으로 아이디어를 내기 때문에 더 공헌하는 결과가 나올 것이다. 협력을 하는 갈등관계에서는 그 과정에서 통합하여 창의력을 발휘할 것이고, 결과는 새로운 아이디어를 내고 공헌을 창조하게 될 것이다.

그럼 우리는 각자 어떤 갈등 해결방법을 선택할 것인가? 그것은 전적으로 개인의 의지에 달려있다. 상황에 따라 갈등 해결방법이 다를 수 있겠지만 대부분은 개인의 유형에 따라 갈등 해결방법이 결정된다.

갈등관리이론으로 유명한 토마스 킬만 박사는 갈등관리의 5가지 유형으로 '자기중심'과 '상대방중심'이라는 2개의 기준으로 매트릭스를 만들어 자기중심은 높지만 상대방중심이 낮은 '강요형', 자기중심도 낮고 상대방중심도 낮은 '회피형', 자기중심은 낮고 상대방중심은 높은 '양보형', 자기중심과 상대방중심이 모두 높은 '협력형', 자기중심과 상대방중심이 적절한 '타협형' 이렇게 5가지로 나누었다. 이러한 갈등관리의 5가지 유형은 방향성에 따라 각기 다른 특징을 가지고 있다.

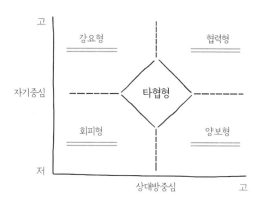

강요형 : 자기중심이 높고 상대방중심은 낮다

강요형은 자신의 관점과 방식을 취하는 것이다. 특징은 권위, 직위, 다수결 또는 소수파가 갈등을 진정시키고, 지배를 당하는 쪽이 자신의 주장을 포기하게 되어 Win-Lose 결과를 초래한다. 권위가 필요하며, 그것이 목적을 달성하는데 유용할 때 주로 사용하는 유형이다. 신속한 조치가 필요한 긴급상황에서 주로 강요를 하게 된다. 그리고 자신이 옳다는 확신이 강하고, 그 결정이 조직에 중대한 영향을 끼칠 수 있다고 판단될 때 강요를 하기도 한다. 사람들이 다루기 꺼려하는 이슈(비용절감, 규범 수정 등)에 대한 의사결정이 필요할 때 사용하기도 한다.

강요형은 갈등이 생겼을 때 자신의 주장을 강조하기 때문에 상사가 강요형이라면 계속적으로 자신의 의견이 무시당할 수 있다. 의사결정을 할 때 밀어붙이는 스타일이기 때문에 그렇다. 보통 협력형이거나 타협형들은 강요형 스타일에 부담을 많이 느낄 수 있다.

회피형 : 자기중심이 낮고 상대방중심도 낮다

회피형은 갈등을 관리하지 않는 것이다. 문제의 존재를 완전히 부인하는 것은 아니지만 Lose-Lose 결과를 초래한다. 관점의 차이를 인식하지만 상황을 외면하며 해결을 보류시킨다. 갈등상황을 피하고 보는 것이 본인의 마음을 편하게 하기 때문이다. 회피형이 필요할 때가 있는데, 이슈가 사소하거나 더 중요하게 다루어져야 할 다른 이슈가 있을 때이다. 원하는 것을 이룰 수 있는 기회가 전혀 없을 때에도 아예 그냥 외면하고 만다. 갈등해결의 효과보다 손실이 더 클 때도 아예 모른 척 지나가는 것이 더 좋다고 생각한다.

일반적으로 다른 유형들은 회피형을 가장 선호하지 않는다. 갈등이 발생할 때마다 회피하기 때문에 문제가 제대로 해결되지 않을 뿐더러 소통 자체가 어려워 문제가 계속 답보상태에 머물 수 있기 때문이다.

─────── **타협형 : 자기중심과 상대방중심이 적절하다**

타협형은 상호절충을 통해 해결안을 도출하는 것이다. 특징은 쌍방이 중간지점에서 합의에 도달하기 위해 자기 주장의 일부를 포기한다. 타협점을 찾는 것이 중요하기 때문에 하나를 얻으면 하나를 줘야 한다는 생각을 가지고 있다. 타협형이 필요로 하는 상황은 동등한 힘을 가지고 있는 상대방이 상호배타적인 목표를 고집할 때이다. 힘이 동등하기 때문에 강요할 수 없고, 결과가 반드시 나와야 하기 때문에 반대 입장을 들어주어야 나의 이득도 가져올 수 있다.

상대방의 주장이 의미가 있다고 생각하면 내가 조금 양보하더라도 그 부분을 인정해 주면서 타협을 시도하는 유형이다. 잠정적이고 일시적인 해결안 도출이 필요할 때도 타협을 해야 한다. 시간이 급박해 빠른 의사결정을 하지 않으면 안 될 때 완전하지는 않더라도 타협을 하게 된다. 또한 시간적인 압력이 있을 때나 협력이나 강요가 성공적이지 못할 때에도 어쩔 수 없이 타협을 하게 된다.

양보형은 상대방의 욕구를 충족시키기 위해 자신의 관점을 무시하는 것이다. 양보형의 특징은 표면적으로 조화로운 상태가 되지만 갈등이 지속적으로 존재하게 된다. 양보를 했기 때문에 갈등이 완전히 해소된 것처럼 보이지만 사실은 내면에 그대로 남아 있는 경우가 많다. 문제가 억압된 채 남아 있다면 자신에게 불리한 Lose-Win 결과를 초래하게 된다. 문제를 온전히 풀지 않았기 때문에 자신이 피해를 보는 상황이 연출되는 것이다. 따라서 양보형은 그 순간을 넘기기 위해 뒷걸음질 쳐서는 안 된다. 그것이 나중에 자신에게 더 큰 손해가 될 수 있기 때문이다.

양보형이 필요로 하는 상황이 있는데, 자신이 잘못 판단했음을 인식할 때와 상대방의 이슈가 더 중요할 때이다. 갈등이 생겼을 때 아무리 생각해도 상대방의 일이 더 중요하거나 다급하다고 생각되면 한발 물러서 주는 것이다. 나중에 자신에게 더 중요한 이슈를 위해 신뢰감을 축적할 필요가 있을 때 전략적으로 양보를 하기도 한다. 이번 건은 양보하지만 내게 더 중요한 다음 건에 대해 상대방이 양보해 주기를 바라는 마음이 있을 수 있다. 또한 조화를 유지하는 것이 무엇보다 중요할 때도 양보를 한다. 내가 억지로 한다고 해서 되는 것이 아니고, 또한 그것으로 인해 조직과 관계에서 문제가 생길 수 있다고 판단되면 조화를 위해 양보하는 경우이다.

협력형은 쌍방의 이슈를 모두 충족시킬 수 있는 해결안을 도출하는 것이다. 특징으로는 창조적인 문제해결과정이 필요할 때 서로 협력하고, 각 개인의 능력이나 가치·전문성이 인정될 때 협력하기도 한다. 또 각자의 입장은 분명히 하면서 문제해결에 초점을 맞춰 Win-Win 결과를 만들어 내기도 한다. 실제 갈등상황에서 가장 바람직한 유형이라고 할 수 있다. 어떤 문제든 협력을 통해 해결하는 것이 좋기 때문이다.

협력형이 필요한 상황이 있는데, 쌍방의 이슈가 일시적인 타협보다는 적극적인 문제해결을 필요로 할 때에는 협력해서 갈등을 빠르게 해결해야 한다. 문제에 대한 상이한 입장을 통합할 필요가 있을 때에도 타협이 아니라 협력을 해야 한다. 타협은 입장을 서로 양보하는 것이지만 협력은 문제를 해결하는 과정이기 때문이다. 양자의 참여나 합의가 절대적으로 필요할 때에도 협력을 해야 한다. 서로의 이익을 위해 온전히 의사결정에 동의하고 협력하는 과정과 결과가 필요하기 때문이다.

갈등상황에서 협력형은 문제해결과정을 이해하고 더 좋은 해결방안을 내놓는 것이기 때문에 가장 바람직한 유형이라고 할 수 있다.

그렇다면 우리는 5가지 갈등유형 중에서 어디에 속해 있는가? 갈등상황에서 행동하는 자신의 모습을 생각해 보고, 앞으로는 서로가 상생할 수 있는 방향으로 변화를 시도할 필요가 있다.

갈등을 해결하는 7단계 프로세스

갈등이 생겼을 때 우리가 취해야 할 행동은 갈등을 어떻게 해결하느냐 하는 것이다. 사람들마다 갈등이 발생했을 때의 행동이 앞에서 살펴본 것처럼 5가지 유형으로 나뉜다고 해도 결국 갈등은 해결해야 할 과제이다. 그렇다면 갈등해결을 위한 7단계 프로세스에 맞춰 해결해 보자.

───────── 갈등해결을 위한 7단계 프로세스

STEP 1) 갈등해결을 위한 마음의 태도를 잘 갖추는 것이다

갈등이 있는 사람에게 최대한 오픈마인드를 가지고 비판하지 말아야 한다. 감정을 드러내지 않으며 평온하게 상대방과의 갈등이 잘 해결될 것이라는 긍정적인 마인드를 갖는다.

STEP 2) 타인의 입장에서 생각해 본다

내가 아닌 타인의 입장에서 이 갈등상황을 '저 사람이라면 어떻게 생각할까?' 아니면 '또 다른 타인이라면 어떻게 생각하고 있을까?'에 대해 생각해 본다. 상대방의 의견을 경청하며 서로의 입장을 이해하는 시간이다. 아무리 힘들고 어려운 갈등상황이라고 하더라도 상대방을 먼저 이해하려는 마음을 갖는다면 그 상황에 조금 더 가까이 다가갈 수 있다.

STEP 3) 서로의 근본적인 관심과 욕구를 파악하는 시간이다

상대방의 상황과 마음을 이해했으니 이제 나의 욕구를 전달하고 상대방의 욕구를 확인해야 한다. 상대의 욕구를 알아야 갈등을 해결할 실마리를 풀 수 있다. 지피지기면 백전백승이라는 말이 있듯이 타인을 알고 나를 알아야 갈등을 해결할 수 있는 단서를 찾을 수 있다.

STEP 4) 서로의 관심과 욕구에서 공통점을 발견하는 단계이다

나와 상대방의 욕구를 파악했으니 그 욕구 중에는 공통점이 있을 것이다. 생각이 다른 것들이 많을지라도 공통적으로 원하는 것을 찾을 수 있다. 그 공통점을 발견하는 것이 우호적인 관계를 유지하는 데 유리하다.

STEP 5) 서로의 관심과 욕구에서 차이점을 발견하는 단계이다

이 부분이 가장 중요한데, 갈등이 생기는 근본원인을 욕구에서 찾는 것이다. 차이가 발생하는 욕구를 해결해 주면 문제는 해결된다. 그렇기 때문에 구체적으로 어떤 차이가 있는지, 어떤 부분을 협력하거나 타협하거나 양보하면 잘 해결될 수 있는지에 대해 상호 고민을 하는 단계이다.

STEP 6) 서로의 욕구를 조절할 수 있는 해결안을 찾는다

욕구의 차이를 알아냈으니 최대한 협력해 문제해결을 위한 방법을 모색해야 한다. 여러 가지 방법이 있을 것이다. 우리의 상황과 타인의 상황을 비교해 보고 갈등이 해결되지 않았을 때 발생하는 최악의 상황을 가정해 보자. 그리고 그 상황이 서로에게 얼마나 나쁜 결과를 일으키는지에 대해 공감하고, 누군가 양보하거나 협의할 수 있는 선을 열어 두어야 한다. 그렇게 타협을 한 후에 최종적으로 합의할 수 있는 선까지 대화를 해야 한다.

STEP 7) 액션플랜 수립 및 목표, 실행계획을 평가한다

6단계에서 합의가 잘되었다면 그것을 실천하기 위한 액션플랜을 만들고, 그 목표를 실행할 수 있는 구체적인 내용들을 기록해 주기적으로 평가 및 관리를 해야 한다.

갈등해결을 위한 7단계 프로세스에서는 갈등이 생겼을 때 상대방의 욕구를 이해하는 것이 가장 중요하다. 그 차이를 인식하면 얼마나 이견을 좁힐 수 있는가에 따라 결과가 많이 달라지기 때문이다.

그럼 이제 실제 갈등상황에 대한 사례를 통해 문제를 어떻게 해결해야 할지 고민해 보자.

Z부서에서 근무하는 A과장은 최근 심각한 고민에 빠져 있다. 야심차게 준비한 신규 프로젝트가 유관부서와의 갈등 때문에 지연되고 있기 때문이다. 지난주 진행된 부서 간 회의에서 성과는커녕 서로 감정의 골만 깊어졌다. 유관부서 대표로 참석한 B과장은 퉁명스럽게 이야기한다.

"현재 진행하고 있는 업무가 많아 저희 팀원들도 매일 야근을 하고 있는 상황이에요. 더군다나 새 프로젝트를 진행하려면 추가비용이 드는데, 예산도 턱없이 부족합니다. 사전에 저희 부서와 협의없이 결정해 놓고 무턱대고 도와달라고 하면 어떡합니까? 원하시는 일정에 도저히 맞출 수 없습니다. 저희 팀장님도 같은 생각을 가지고 계세요."

A과장은 B과장의 태도에 화가 나 응수했다.

"과장님. 이게 저희 부서만 좋자고 하는 일도 아니고, 본부 차원에서 결정된 일인데 그렇게 말씀하시면 어떡합니까? 그리고 사전에 협의가 없었다고 하시는데, 임원회의에서 임원들 간에 말씀이 오고간 것으로 알고 진행한 내용입니다. 어렵다고 하니 저도 있는 그대로 보고하겠습니다."

그렇게 회의는 서로의 입장 차이만 확인한 채 마무리되었다.

이런 상황에서 내가 A과장이라면 어떻게 갈등을 해결하겠는가? 물론 이 갈등상황에 대한 정답은 없다. 함께 지혜를 모아 해결해야 한다. 갈등해결 7단계 프로세스에 맞게 고민해 보자.

STEP 1) 갈등해결을 위한 태도 갖추기(오픈마인드, 무비판적 태도)

이 상황에서 내가 A과장이라고 가정해 보자. A과장은 이 갈등을 해결해야 하는 상황이다. 1단계로는 상대방을 무비판적으로 받아들이고 오픈마인드를 가지는 것이다. 상대방이 거칠게 나온다고 해서 나도 같이 화를 낼 필요는 없다. B과장 팀의 상황이 정말 최악일 수도 있으니 최대한 그들의 상황을 먼저 경청한다.

STEP 2) 상대방의 의견을 경청하며 서로의 입장을 이해한다

오픈마인드로 경청을 한 결과 B과장의 말이 조금 누그러졌다. 그리고 B과장이 속한 팀이 정말 일이 많이 몰려 힘든 상황이라는 것을 알게 되었다. 임원들끼리 협의한 사항이라고는 하지만 그들은 각 팀의 상황이나 어려움을 잘 모르는 경우가 많다. 그저 지시만 하면 해낼 것이라고 생각하는 경우가 대부분이다.

STEP 3) 서로 간의 근본적인 관심과 욕구를 파악한다

사실 이 상황은 우리 팀도 시간이 없고 어렵지만 B팀 사정도 마찬가지다. 그러나 우리는 이 문제를 같이 해결해야 한다. B팀에서 결과물을 넘겨주어야 우리가 이어서 할 수 있기 때문에 B팀이 도와

주지 않으면 이 프로젝트는 더 이상 앞으로 나갈 수 없다. B팀도 난리를 치긴 했지만 임원들 선에서 결정한 일이기 때문에 결국 위에서 지시하면 할 수밖에 없는 상황이다. 만약 우리 팀 임원에게 이런 내용이 보고된다면 B팀이 자신의 말을 무시한다고 여겨 더 큰 화를 부를지도 모른다. 그러니 지금 이 상황이 너무 짜증만 날 뿐이다.

STEP 4) 서로의 관심과 욕구에서 공통점 발견하기

이 프로젝트는 우리 회사 입장에서 꼭 성공시켜야 하는 상황이다. 그리고 임원의 성과에 반영되는 것이기 때문에 A팀이 주관이긴 하지만 B팀에서 도와주지 않아 제대로 진행되지 못했다고 하면 임원은 격노할 것이다. 그래서 서로 잘 협력해서 임원에게 강제로 지시받지 않도록 기한 내에 반드시 일을 처리해야 한다.

STEP 5) 서로의 관심과 욕구에서 차이점 발견하기

이 프로젝트를 반드시 기한 내에 끝내야 하는 것을 알지만 B팀의 입장도 정말 난처한 상황이다. 이미 B팀도 할 수 있는 업무의 130%를 하고 있는데, 거기에 신규 프로젝트까지 하게 되면 거의 매일 야근뿐만 아니라 주말까지 반납해야 할 것이다. 팀원들의 스트레스는 하늘을 찌르고 사기도 저하되어 있다. 게다가 B팀은 이 프로젝트 말고도 다른 프로젝트가 여러 개 진행되고 있다. 그 상황을 모르는 것이 아니기 때문에 사실 도움을 요청하고도 미안한 마음이 들긴 했었다. B팀이 제대로 협력할 수 있도록 어떻게 도와줄 수 있을까?

STEP 6) 서로의 욕구를 조절할 수 있는 해결안 찾아보기

A과장은 B팀의 상황을 잘 알기에 B팀에서 해줘야 할 업무 중에서 A팀이 처리할 수 있는 일을 대신해 주기로 제안한다. 대략 20% 정도는 할 수 있는 일이다. 다행스럽게도 A팀이 지난달 끝난 프로젝트가 있어 팀원 중 한 명이 도와줄 수 있는 상황이다. 대신 B팀에게는 80%의 일을 정해진 일정까지는 꼭 끝내주기를 요청했다. 그리고 일이 잘 끝나면 임원에게 A팀이 도와줘서 이 프로젝트가 잘 마무리된 것이라는 멘트도 부탁했다. 결국 같은 조직에서 프로젝트의 성공을 위해 일을 하는데 팀 간에 협력하지 않고 갈등 때문에 일을 미루기만 한다면 일이 제대로 되겠는가? 사실 처음에 B과장이 무턱대고 안 된다고 하여 A과장이 짜증나서 임원에게 보고하려 했지만 그렇게 해서 뭐가 달라지겠는가? 본부 분위기만 더 안좋아질 뿐이다. 감정과 일은 분리해야 한다. 결국 B과장도 제안을 받아들이고 프로젝트 납기 내에 꼭 일을 마무리하겠다고 약속했다.

STEP 7) 액션플랜 수립 및 실행계획 평가하기

이제 모든 협의가 끝이 났다. 실제 프로젝트를 기간 내에 끝내기 위해 액션플랜을 만들고 그것을 체크하기만 하면 된다. 결과가 나오면 제대로 되었는지 평가할 수 있는 체크리스트도 만들었다. 힘겹기만 한 직장생활이지만 또 이렇게 하나의 프로젝트가 완성되어 가고 있다.

갈등해결에 필요한 4가지 원칙

지금까지 갈등해결에 대한 다양한 방법과 사례 등을 확인했다. 이제 갈등상황에서 가장 고려해야 할 다음의 4가지 원칙을 잘 기억해 두면 어떤 상황에서도 완벽하게 갈등문제를 해결할 수 있다.

——— 첫째, 사람과의 관계와 문제를 분리하여 생각한다

사람 대신 문제를 중심으로 이야기하고, 상대의 행동이 아닌 문제에 초점을 맞추는 것이다. 대부분의 갈등상황은 문제와 사람이 섞여서 감정적으로 악화되는 경우가 많다. 그러므로 갈등의 문제(사안)와 사람(감정)은 분리해서 처리해야 한다. 흔히 일을 망치는 경우의 대부분은 감정이 우선시될 때이다. 관계가 나쁘거나 감정이 좋지 않은 사람과는 문제를 풀어갈 때 그 사람에 대한 편견이 앞설 수 있기 때문에 일이 안 풀릴 수 있다. 따라서 이성적이면서 냉철하게 판단해 감정을 제거하고 갈등의 팩트를 중심으로 문제를 풀어내야 쟁점이 해결될 수 있다.

'왜'라는 질문을 통해 상대방의 입장에서 생각하고 존중하는 의사소통의 과정이 필요하다. 겉으로 내세우는 입장 이면에 상대가 진심으로 원하는 것과 필요한 것을 찾으면서 서로의 이해 속에서 당사자 간의 목표를 조정해야 한다. 보통 문제나 갈등상황에 놓이면 서로의 입장이 대립되고, 입장이 대립될 때는 결코 양립할 수 없어 보이는 경우가 많다. 이때 입장(position)에서 실익(interest)으로 초점을 바꿀 수 있다면 효과적인 협상을 할 수 있다. 양립해서 서로 포기하는 경우보다는 서로에게 이익이 될 수 있도록 결론을 내는 것이 좋기 때문에 한발씩 물러서서 생각을 해야 한다. 이때 내 입장에서 포기해 얻을 이익과 조금 양보하거나 협력해서 얻을 이익을 철저하게 계산해서 행동해야 한다. 포기하는 것보다 이익이 더 크다면 협력하는 방안이 좋다.

문제를 바라보는 각도와 틀을 바꾸면 상생적인 대안이 나올 수 있다. 우리는 흔히 문제를 해결하는데 답은 하나라고 생각하고 성급하게 결론을 내린다. 또는 나눌 수 있는 몫이 정해져 있다고 생각을 한다. 그러나 아이디어를 내는 것과 판단하는 것을 분리시켜 브레인

스토밍(Brainstorming)을 해보면 더 많은 해결책을 찾을 수 있다.

창의적인 아이디어가 나오면 그 안에 서로에게 이익이 되는 해결책이 있을 수 있고, 그 속에서 상생적인 대안을 결정할 수 있다. 더이상 아이디어가 나오지 않는다고 생각하지 마라. 해결되지 않는 갈등은 없다. 어떤 방법을 써서라도 대안을 만들어 낼 수 있다. 이때 다양한 아이디어 도구를 활용하면 효과적이다. 특히 조직에서의 문제는 집단지성을 발휘하는 것이 중요하다. 혼자 고민했던 문제를 여럿이 토의하다 보면 해결되는 경우가 많기 때문이다. 다른 사람들의 도움을 받아 효과적인 대안을 창출해 내는 지혜를 발휘해 보자.

——————— 넷째, 누가 보아도 공정하다고 생각할 만한 객관적인 기준을 적용한다

사람들은 결과의 몫보다 과정의 공정함에 더 많은 관심을 가진다. 그러므로 객관적으로 납득할 수 없거나 공정하지 않다고 생각될 때 갈등을 겪거나 분노를 느끼게 된다. 이때 당사자 서로가 합의할 수 있는 객관적 기준을 찾고, 그에 따른 절차와 과정을 만들어 가면 결과를 스스로 인정할 수 있다. 갈등해결의 원칙은 객관성과 공정성이다. 자신에게 유리한 결과가 나오더라도 이 원칙이 무너지면 나중에 문제가 될 수 있다. 따라서 갈등을 일시적으로 해결하기 위해 다른 술수를 쓰지 말아야 한다. 결국 원칙에 무너지게 되어 있다. 힘이 들더라도 객관성과 공정성을 지킬 때 그 갈등의 결론은 해피엔딩이 될 것이다.

세대공감

기성세대와 신세대의
커뮤니케이션

소통에 있어 세대 차이는 어제오늘의
일이 아니다. 그럼에도 최근 들어 세대 차이 때문에 힘들어하는
사람들이 더욱 많아지고 있다. 디지털 시대에서 AI 시대로 바뀌고
있는 지금, 환경의 변화 속도는 가히 엄청나다. 기성세대가 가지
고 있는 사고방식과 경험으로는 Z세대를 따라가거나 이해하기가
더욱 어려운 시대가 된 것이다. 그러나 소통은 결국 상대방에 대
한 관찰을 통해 이해하고 수용하려는 노력에서 시작된다.
세대별 특징을 살펴보고 서로를 어떻게 대해야 하는지에 대해 알
게 되면 세대 차이도, 세대 소통도 해결할 수 있다. 소통은 세대의
문제가 아니라 사람의 문제가 더 크다. 기성세대와 신세대 모두
서로를 이해하고 배려하는 마음을 가지는 것에서 세대 차이의 극
복이 시작된다.

세대 이해와 세대 차이

한 설문조사에 따르면 '직장 내 세대 차이가 있는가'라는 질문에 직급을 막론하고 92%가 '그렇다'고 대답했다. 상공회의소의 조사에서도 세대 차이 체감도가 50대 이상에서 67.3%, 40대에서 69.4%였고, 30대에서 62.7%, 20대에서 52.9%가 나왔다. 모든 나이대에서 세대 차이에 대체로 공감하고 있는 것이다. 다만 윗세대는 세대 차이가 크다고 인식했지만, '세대 차이가 업무적으로 부정적인 결과를 가져온다'는 질문에는 크게 동의하지 않았다.

이 통계를 보면 모든 세대에서 세대 차이를 느끼고 있으며, 그에 따른 업무적 어려움이 있다고 여겨진다. 하지만 기성세대들은 세대 차이를 크게 인식하기는 하지만 업무적으로는 오히려 자신들이 잘하면 세대 차이가 크지 않다고 생각한다. 그렇다면 업무적으로 볼 때 Z세대들이 오히려 더 큰 세대 차이를 느끼고 있다는 것이다.

그런데 왜 기성세대는 신세대들에게 세대 차이를 느끼는 걸까? 그 이유는 시대 상황이 급격하게 바뀌고 있고, IT 기술이 엄청나게 발전하고 있기 때문이다. 특히 최근 들어 AI(인공지능) 기술이 엄청나게 발달해서 미래에는 사람들이 해야 할 일을 AI가 대부분 처리할 날도 멀지 않았다. Z세대들은 태어나는 순간부터 스마트폰이나 태블릿PC 등의 디지털 기기와 함께 생활했다. 어릴 때부터 디지털 인간으로 살아가는 그들의 뇌 구조가 기성세대와 전혀 달라 유독 세대 차이가 많이 나는 것이라는 주장은 꽤 설득력이 있다.

그렇다면 밀레니얼세대와 Z세대는 어떻게 다를까? 과거에 MZ세대라는 말로 밀레니얼세대와 Z세대를 편의상 하나로 묶기도 했지만 지금은 명확히 구분해서 사용한다. 40대 밀레니얼세대와 20대 후반 Z세대를 같은 세대로 보기는 어렵기 때문이다. 30대 후반과 40대 초반의 밀레니얼세대는 오히려 기성세대에 더 가까울 수 있다. 따라서 여기에서는 신입사원부터 30대 초반이 중심을 이루는 Z세대와 기성세대의 특성과 차이에 대해 주로 다루고자 한다.

세대를 이해하려면 먼저 전체 세대를 구분해서 그들이 살아온 정치·경제·사회·문화적 환경들을 확인해 볼 필요가 있다. 다만 세대별로 연령이 명확히 구분되지 않고 오히려 겹치는 경향이 있으니 참고만 하기 바란다.

| 1960~ 베이비붐 세대 386세대 | 1970~ X세대 | 1980~ 밀레니엄 세대 | 1995~ Z 세대 |

1950~1960년대에 태어난 세대를 말한다. 전쟁 직후 어려운 환경에서 자랐으며, 열심히 노력해서 경제 성장을 이루어냈다는 자부심이 크다. 유교적이고 보수적인 사고방식을 가지고 있어 다음 세대들이 시대의 변화에 적응하는데 서툴다고 걱정하기도 하는 세대이다. '58년 개띠'라는 상징적인 세대로, 현재 많은 분들이 은퇴를 했다. 그러나 100세 시대인 지금, 아직도 현역에서 열심히 일하시는 분들도 많고, 개인사업자나 자영업자의 경우에는 여전히 의욕적으로 일하고 있다. 하지만 노후를 준비하지 못한 빈곤층이 가장 많은 세대이기도 하다.

1960년대에 태어나 1980년대에 20대를 보낸 세대로, 민주화 시절을 겪은 세대이다. 윗세대에 대한 강한 비판의식을 가지고 있다. 민주화 운동을 통해 자신들이 세상을 변화시켰다는 신념이 있으며, 정치·경제권에서 주도적인 역할을 하고 있다. 다소 일관성 없는 리더십을 발휘하긴 하지만 주요 기업의 CEO 등 핵심 리더 역할을 하고 있다. 베이비붐 세대와 차별화를 꿈꾸지만 윗사람을 공경하고 잘 모셔야 한다는 의식도 남아 있어 보수적인 생각에서 완전히 빠져나오지 못한 세대이다. 베이비붐 세대와 386세대는 나이대가 겹치기도 하고 특성도 매우 유사한 편이다.

1960년대 후반에서 1970년대에 태어난 세대로, 스스로를 기성세대와는 다르다고 생각하며 독특한 것에 관심이 많고 개성 있는 삶을 살고 있다. 부모의 경제적인 풍요로움이 이들의 자유로운 사고에 기여했다. 이 세대가 등장한 시기에는 자신의 성공이 가장 중요한 자기중심적 사고와 문화가 확대되기 시작했고, 서태지의 '난 알아요'와 같은 힙합 문화도 인기를 얻었다. 그러나 IMF 외환위기를 겪으면서 사고방식이 합리적이고 안정적인 방향으로 바뀌었다. 현재 40대 중반부터 50대까지의 나이대로 CEO, 임원, 팀장 등의 리더 역할을 주로 맡고 있으며, 리더가 되지 못하고 정년퇴직을 기다리는 실무자들도 많다.

──────── 밀레니얼세대(Y세대, 그린세대, 글로벌 세대)

1980년대 이후에 태어나 2000년대 초에 20대를 보낸 세대이다. 스마트폰이나 태블릿PC 같은 디지털 기기가 생활화되었고, SNS 활동이 매우 활발하다. 출산율이 줄어들어 '나 하나면 돼'라는 인식이 팽배한 세대이다. 비교적 민주적인 사회 분위기 속에서 성장했고, 행복을 추구하며 다양성을 존중하는데 관심이 많다. 자신이 하고 싶어 하는 일에 충실해 원하는 일이라면 고리타분한 자리는 버릴 수 있을 정도로 열정적이다. 자기중심적인 태도로 세상을 바라보고, 개인주의적인 삶을 추구한다.

30대 실무자들이 대부분 이 세대에 포함되며, 40대 초반의 리더들도 이 세대이다. IT기업과 같은 젊은 조직에서는 30대 밀레니얼세대들도 팀장과 같은 리더의 자리에 많이 있다. 최근에는 대기업 중심으로 30대 밀레니얼세대를 임원으로 발탁하는 경우도 많아 앞으로 밀레니얼세대의 리더 역할은 대세가 될 것이다.

─────── **Z세대**

1995년 이후에 태어난 세대이다. 참고로 Z세대(1995년~2009년)와 알파세대(2010년 이후 출생)를 묶어 잘파(Zalpha)세대라고 일컫기도 한다. 태어날 때부터 디지털을 안고 살아가는 세대라고 해서 '디지털 네이티브'라고 부르기도 한다. 현재 조직의 신입사원 대부분이 Z세대이다. 밀레니얼세대보다 더 적극적으로 자신을 표현하고 자신에게 중요한 것을 최우선 순위로 두는 세대로, 저출산 시대에 태어났고 혼자서 부모의 지극한 사랑을 독차지했기 때문에 칭찬에 대한 욕구가 강하다. 디지털 세대답게 디지털 기기, SNS, 게임 등이 삶의 많은 부분을 차지하고 있으며, 개성을 침해당하면 참지 못하는 독립적인 사고방식을 가지고 있다.

이처럼 각 세대들이 어떤 환경에서 성장했으며, 어떤 특징을 가지고 있는지 알게 되면 세대 간 이해의 폭이 커지게 된다.

Z세대의 특징

Z세대 신입사원의 행동 때문에 고민하는 기성세대 상사들이 많다. 자신들과는 너무나 다른 사고방식을 가지고 있어 충격적이라고 생각하기도 하고, 때로는 불편함을 느끼기도 한다. 이럴 때 상사는 자신의 영향력을 이용해 신입사원의 행동이나 태도를 지적하기도 한다. 하지만 자신의 생각과 맞지 않는다고 무조건 지적하기보다는 왜 그들이 그렇게 행동하게 되었는지 그 배경과 특성을 이해하는 것이 더 중요하다.

Z세대의 키워드는 '불안'

Z세대를 나타내는 키워드 중에는 '불안'이 있다. 기성세대보다 풍요로운 삶을 살았고 좋은 교육도 받았지만, IMF 외환위기를 겪으면서 부모 세대가 직장을 잃고 어려움을 겪는 것을 지켜본 그들은 '영

원한 직장은 없다'는 인식을 가지게 되었다.

세상이 빠르게 변하고, 경쟁이 더욱 치열해지면서 취업 문은 더 좁아졌다. 열심히 스펙을 쌓아도 원하는 회사에 들어가기가 쉽지 않아졌다. 코로나 팬데믹을 겪으면서 사회환경은 급격히 변화되고 물가는 오르고 집값도 천정부지로 치솟는 현실 속에서 Z세대는 앞으로 안정적이고 성공적인 삶을 살기 힘든 세상이 되었음을 인식하고 있다.

한 리서치 기관의 조사에 따르면 '내가 부모보다 더 잘살 것 같은가'라는 질문에 대한 20~30대의 대답은 이 세대들의 참담한 현실을 보여준다. 50대는 52.5%가 '그렇다'라고 대답한 반면, 20대는 8.9%, 30대는 14%만이 '그렇다'라고 응답했다. 이러한 불안감이 그들을 더욱 개인주의로 만들고, 나를 보호할 사람은 나밖에 없다고 생각하는 경향성을 갖는 데 일조했다.

─────── 기성세대와 Z세대의 일에 대한 관점

모 대기업의 설문조사에 따르면, 기성세대는 직장생활에서 가장 중요하다고 생각하는 3가지를 회사의 발전, 일과 삶의 균형, 경제적 보상 순으로 선택한 반면, Z세대는 1위가 일과 삶의 균형, 2위 경제적 보상, 3위 좋아하는 일이었다.

기성세대가 1위로 뽑은 회사의 발전은 Z세대에게는 중요하지 않은 문제이다. 그들이 가장 원하는 것은 '워라밸'이었고, 3위로 좋아하는 일을 선택한 이유는 이왕이면 일이 재미있어야 한다는 생각

기성세대		
1	회사의 발전	
2	일과 삶의 균형	
3	경제적 보상	

Z세대		
1	일과 삶의 균형	
2	경제적 보상	
3	좋아하는 일	

때문이다. 아무리 연봉을 많이 주고 복지가 좋아도, 일에 흥미가 생기지 않으면 언제라도 그만둘 수 있다는 말이다. 자신과 맞지 않은 직무라도 생계를 위해 열심히 일했던 기성세대와는 전혀 다른 가치관이다.

　입사 경쟁이 치열하고 연봉 조건도 좋은 대기업의 1년 이내 신입사원 퇴사율이 30%가 넘는다고 한다. 누구나 가고 싶어 하는 회사인데, 왜 이렇게 퇴사율이 높은 걸까? 일이 자신의 생각과 달라 흥미가 없어졌기 때문이다. 공무원 조직은 어떠한가? 한때는 '공시족 수백만 명'이라는 말처럼 엄청난 경쟁률에 합격하기 어려운 직업이었지만 이제는 낮은 급여와 보수적인 조직문화 때문에 인기가 급락했다. Z세대 공무원들이 1년 이내에 퇴사하는 현상은 이제 너무나 자연스러운 일이 되어 버렸다. 이처럼 아무리 좋은 조건이라도 자신과 맞지 않는다고 생각하면 그만두는 것이 Z세대이다.

과거에는 상사가 시키는 대로 일을 처리하거나 후배직원이 상사를 알아서 챙겨주는 수직적인 분위기가 일반적이었다. 그러나 지금의 Z세대들은 경직된 문화를 거부한다. Z세대의 특징들을 정리해 보면 다음과 같다.

1) 과거와 지금을 비교하는 것을 싫어한다

"옛날에는 이렇게 했는데 말이야. 요즘 젊은 친구들은 왜 그런 거지?"라는 말을 하는 순간 꼰대로 평가받는다. 과거는 과거일 뿐이다. Z세대들은 상사의 경험을 알 수도 없지만, 알고 싶어 하지도 않는다.

과거의 방식이 틀렸다는 말이 아니다. 더 합리적이고 옳은 부분도 있을 것이다. 그러나 Z세대들에게 "나 때는 말이야"라고 말하는 순간, 이들은 강요당한다는 느낌을 받는다. 회사에 일하러 왔지 상사의 과거 이야기를 들으러 온 것이 아니기 때문에 꼰대라는 이름 하에 듣는 것 자체를 불편해한다. 상사는 과거에 자신들이 겪은 일들에 대한 보상심리가 있어 아랫사람이 깍듯하게 대해 주고 존중해 주기를 원한다. 그러나 Z세대들은 그런 생각을 잘 이해하지 못한다. 그래서 부당하다고 생각하는 지시를 거부하기도 하고, 강요당한다는 생각이 들면 공개적으로 그 사실을 공유하기도 한다. 그러니 무작정 과거 방식을 강요하지 말아야 하며, Z세대만의 특징을 존중하고 배려해 줘야 한다.

2) 형식적인 업무처리 방식을 거부한다

Z세대들은 합리적이고 생산성 있는 방식으로 일하고 싶어 한다. 형식이나 절차에 과도하게 집착하거나 복잡한 프로세스 때문에 일이 지연되는 것을 이해하지 못한다. 물론 조직은 다양한 업무 프로세스를 가지고 있어야 하며, 때로는 비합리적인 절차가 있을 수 있지만 Z세대들이 이런 것에 대한 거부감이 크다는 사실 또한 인지하고 있어야 한다. 형식적인 것은 줄이고, 실질적이고 효과적인 제도나 프로세스를 만들어 가는 것이 Z세대들이 일하는 방식이다.

3) 워라밸을 존중받고 싶어 한다

과거 조직에서 야근이 많았던 이유는 야근을 많이 해야 일을 잘하는 사람으로 평가받았고, 칼퇴근을 하면 일을 적게 한다고 생각하는 경향이 있었기 때문이다. 상사보다 먼저 퇴근하는 직원들은 예의가 없다는 소리를 듣기도 했다. 자기 일이 다 끝나도 상사가 퇴근할 때까지 기다려야 하니 자연스럽게 일을 천천히 하는 경향도 있었다.

Z세대들은 생산성이 떨어지는 이런 업무방식을 좋아하지 않는다. 근무시간에 최대한 집중해서 일하고, 빨리 퇴근해서 자신만의 시간을 갖는 것이 중요하기 때문이다. 일이 많아서 부득이하게 야근을 하는 것이 아니라면 업무시간에 최대한 몰입해서 일한 후, 빠르게 퇴근하는 것이 중요하다.

4) 사생활을 지켜주기를 원한다

과거에는 사생활과 조직생활의 구분이 거의 없었다. 개인의 사생활을 공유하고, 이에 대해 서로 묻는 것이 자연스러웠다. 때문에 개인적인 이야기를 하고 싶지 않더라도 강제로 공개해야 하는 경우가 많았다. 그러나 Z세대들은 사생활에 민감하다. "결혼은 왜 안 하느냐" "지난 주말에 뭐했냐" "남자친구는 있느냐" 등과 같은 사적인 질문을 받으면 매우 불편하다. 본인이 직접 사생활을 말하지 않는 이상, 상사라 해도 사적인 질문은 하지 않는 것이 좋다. 후배의 집에 수저가 몇 개나 있는지까지 알고 싶어 했던 과거와는 전혀 다른 환경임을 알아야 한다. 물론 일부 관종이 있는 Z세대도 있다. 그런 후배에게는 자유롭게 물어보는 대신, 사생활 공개를 불편해하는 후배에게는 업무적인 이야기만 하는 것이 좋다. 시간이 지나 친밀해지고 신뢰가 생기면 자연스럽게 후배가 먼저 이야기할 기회가 생긴다. 그때 질문하거나 대화를 하면 더 좋을 것이다.

5) 경험을 통해 학습하고 성장하기를 원한다

Z세대가 조직에서 원하는 것은 '성장'이다. 자신들의 성장을 위해서는 뭐든 아끼지 않는 세대이다. 따라서 선배로서 Z세대들이 일을 잘할 수 있도록 이끌기 위해서는 그들로 하여금 일을 통해 성장하고 있다는 느낌을 받게 하는 것이 중요하다. 조직에서 많은 경험을 할 수 있게 해주고, 경험을 통해 성장할 수 있다는 확신을 심어준다면 그들은 알아서 최선을 다할 것이다.

6) 즐겁고 재미있게 일하고 싶어 한다

기성세대는 일은 어렵고 고통스럽다고 생각한다. 일은 기쁨을 주는 행위가 아니며, 힘들게 해야 좋은 성과가 나온다고 생각하는 사람들이 많다. 그러나 Z세대들은 야근을 하더라도, 주말 출근을 하는 상황이 생기더라도 즐겁고 재미있게 일하고 싶어 한다.

회식 때 "회사에서도 재미가 있었으면 좋겠어요"라고 말한 신입사원에게 고참 부장이 이렇게 말했다고 한다. "즐거움은 돈을 내고 찾아. 회사는 돈을 받고 일하러 오는 곳이야. 직장에서 즐거움을 찾는 게 말이 돼?" 신입사원은 회사에서 놀고 싶다는 뜻으로 이런 말을 한 게 아니다. 어차피 할 일이라면 즐겁게 하고 싶다는 의미였다.

'열심히 하는 사람은 즐기는 사람을 이길 수 없다'는 말이 있다. 돈을 벌기 위해 일을 한다 해도, 그 안에서 의미와 가치를 찾고 재미까지 얻는다면 더 효과적으로 업무를 할 수 있을 것이다. IT기업이나 스타트업에서 직원들에게 다양한 복지 혜택을 주고 즐거운 조직문화를 만들려고 노력하는 이유도 Z세대의 재미 추구와 연관이 있다.

7) 시간선택권과 자율권을 원한다

주니어급 직원이라 하더라도 스스로 일을 처리하고 의사결정을 할 수 있는 것을 선호한다. 물론 경험이 많지 않아 많은 것을 스스로 결정할 수는 없겠지만 작은 일들은 권한위임을 통해 스스로 할 수 있게 해주면 책임감을 가지고 더 열심히 할 것이다. 자신이 원하는 환경으로 최적화하는 것에 익숙해져 있기 때문에 제대로 코칭과 피드백을 해주면 더 좋은 성과를 낼 수 있다.

8) 공정성에 민감하다

공정성은 오랜 기간 Z세대들의 화두였다. 그들이 살아온 환경을 생각하면 공정이 중요한 것은 당연하다. 어렸을 때부터 무한경쟁 속에서 살아왔고, 특히 대학입시제도에서 수시나 학종(학생부종합전형)이 중요하게 되면서 기준이 공정하지 않으면 자신의 미래가 달린 학교가 달라질 수 있기 때문에 공정성에 예민할 수밖에 없다. 따라서 조직은 구성원들을 대할 때도 공정해야 하고, 평가를 할 때도 근거에 맞게 공정하게 해야 한다. 공정하지 않은 리더는 신뢰하지 않는 것이 Z세대의 특징이다. 모든 업무를 함에 있어 투명하고 공정한 것은 당연하고, 특히 Z세대들에게는 이것이 더욱 중요하다는 것을 기성세대는 이해해야 한다.

9) 꼰대 선배를 거부한다

'꼰대'는 자신의 경험이나 생각이 무조건 옳다는 사고를 가진 어른이나 선생님을 비하하는 말로, 학생들 사이에 주로 유행하는 은어이다. 조직에서는 자신의 생각만 강요하는 윗사람의 태도를 두고 보통 '꼰대질을 한다'고 표현하는데, 물론 나이가 많은 사람들을 모두 꼰대로 일반화해서는 안 된다.

꼰대는 자신의 생각이 모두 옳다고 강요하는 데서 고통이 시작된다. 자신의 과거 성공 경험이 지금까지도 모두 옳을 것이라고 생각하는 선배를 새로운 세상에 살고 있는 Z세대는 전혀 이해하지 못한다.

요즘 유행하고 있는 '젊은 꼰대'는 다짜고짜 타인의 태도와 말투를 지적하거나 지나치게 독불장군인 사람, 지위·인맥·학벌·재산 등을 자랑하며 그렇지 못한 사람들에게 충고와 지적을 하는 사람, 사생활을 캐묻고 마음대로 조언하는 사람, 짧은 조직 경험을 가지고 사회생활을 모두 아는 것처럼 구는 사람인데, 이들은 기성세대들의 행동을 그대로 배워 자신이 당한 것을 후배들에게 그대로 되갚아 주려는 심리를 가지고 있다. 통계적으로 조직에서 20% 정도가 젊은 꼰대라고 한다.

Z세대와 제대로 소통하며 일하는 방법

    과거에는 신입사원들에게 가장 강조하는 것 중 하나가 '회사에 대한 주인의식'이었다. '너희가 사장은 아니지만, 사장처럼 일하면 성공한다'는 말을 흔하게 들을 수 있었다. 하지만 이것은 논리적으로 맞지 않는 말이다. 사장이 아닌데 사장처럼 일하는 것이 가능할까? 결국 이런 말은 강압적인 요구에 불과할 수 있다. Z세대에게는 지금 하는 일의 중요성을 강조하면서 이 업무를 잘 해내면 나중에 원하는 분야의 전문가로 성장할 수 있다는 코칭을 해줘야 한다. 조직의 성과나 성장이 아닌, 개인의 성장에 초점을 맞춰야 하는 것이다.

    과거에는 밥 잘 사주고 인간적으로 대해 주는 상사를 좋아했지만, 지금은 까칠하게 대하더라도 일을 잘 가르쳐주고 내가 성장할 수 있도록 도와주는 능력있는 선배를 더 좋아한다. 막연하게 '잘해주고 인간적으로 가까이 가면 되겠지' 같은 생각은 더 이상 통하지 않는다. 그렇다면 어떻게 해야 Z세대들과 가까워지면서 업무적으로도 성과를 내는 관계를 맺을 수 있을까?

———— Z세대들의 언어를 이해하려고 노력한다

흔히 신조어라고 하는, Z세대들이 주로 쓰는 언어들이 있다. 온라인에서 주로 사용하지만 오프라인에서도 흔히 사용하므로 신조어에 친숙해지는 것이 중요하다. 리더들을 대상으로 하는 강의에서 신조어 퀴즈를 내면 2개 이상 맞추는 사람이 많지 않다. 그만큼 상사들이 신조어에 둔감하다는 의미인데, 사실 신조어를 몰라도 업무에 문제가 되지는 않는다. 그러나 Z세대와 친밀해지고 싶다면 상대방이 쓰는 언어에도 관심을 가지는 것이 좋다.

———— 긍정적인 소통을 해야 한다

Z세대는 칭찬에 매우 익숙하고, 칭찬을 들었을 때 일을 더 잘한다. 그러니 타인과 비교하면서 일을 잘하라고 피드백을 주기보다는, 상황을 있는 그대로 받아들이고 충분히 공감하면서 해결책을 협의하는 것이 좋다. 올바른 대화는 긍정적인 접근에서 시작된다. 이것을 'YES 커뮤니케이션'이라고 한다. 물론 잘못했을 때는 질책이 필요하다. 하지만 질책을 할 때도 사실(fact) 중심으로 명확하게 하고, 이번 잘못이 성장에 도움이 될 수 있도록 긍정적인 피드백을 해주는 것이 좋다. 인간은 감정의 동물이기 때문에 질책을 들으면 화가 나고 감정이 상하게 되고, 오히려 지적한 상대를 비난할 수 있다. 그

러니 질책을 할 때는 감정을 조절하고 다양한 커뮤니케이션 스킬들을 활용할 수 있어야 한다.

Z세대들은 수직적인 조직문화에서 발언을 자유롭게 하지 못하는 것을 불편해한다. 따라서 어떤 상황에서도 자신의 생각을 자유롭게 말할 수 있는 기회를 제공하고, 조직문화를 수평적으로 만드는 것이 중요하다.

최근 스타트업이 인기를 얻는 이유는 이들의 기업문화가 비교적 수평적이기 때문이다. 일도 많고 야근이 많아도 수평적인 조직문화를 가진 조직에서 내가 하고 싶은 일을 마음껏 하고 싶은 욕구가 중요하기 때문이다.

무조건 열심히 일하는 시대는 지났다. Z세대들은 일을 할 때 이것을 내가 왜 해야 하는지, 어떤 의미에서 이 일이 나에게 가치가 있는지를 먼저 생각한다. 따라서 사소한 일이라고 해도 가치를 느낄 수 있도록 상사가 도움을 주어야 한다.

요즘 유행하고 있는 '3요'라는 것도 사실은 매우 근거가 있는 말이다. 일을 지시할 때 직원이 '이걸요?'라고 묻는 이유는 지시받은 업무의 정확한 내용과 목적에 대한 설명을 요구하는 것이다. '제가요?'라고 묻는 이유는 많은 직원 중 해당 업무를 수행해야 하는 사람이 왜 자신인지 설명을 요구하는 것이다. '왜요?'라는 것은 해당 업무를 해야 하는 이유와 필요성, 기대효과 등에 대한 설명을 요구하는 것이다. 잘 살펴보면 너무나도 당연한 게 아닌가? 그러나 기성세대들은 이런 '3요'가 무척 난감하고 어색하다. 자신들은 그렇게 하지 않았기 때문이다. 그러나 Z세대들은 다르다. 그들에게 '3요'는 너무나 중요하고, 그것이 제대로 설명되지 않으면 일의 동기부여가 떨어질 수 있다.

최근 잡 크래프팅(Job crafting)에 대한 관심이 높아지는 이유도 이 때문이다. 직무 만들기, 직무 창조를 의미하는 잡 크래프팅은 자신이 하는 일을 변화시켜 더욱 의미 있게 만드는 일련의 활동이라고 할 수 있다. 잡 크래프팅의 최종 목표는 잡 크래프터가 되어 자기주도적으로 업무를 수행하는 것이다. Z세대들은 일에 대한 의미와 가치를 깨달으면 알아서 동기부여를 한다. 그러니 단순히 복사를 시킬 때도 "회의를 해야 하니까 보고서 10부 복사해서 가져오세요"라고 말하기보다는 "이번 회의가 무척 중요한데, 이 보고서에 핵심적인 내용이 담겨 있어요. 그래서 회의에 참석하는 10명 모두 보고서를 봤으면 해요. 오 사원이 그 자료를 복사해서 가져와 주면 회의하는 데 도움이 많이 될 것 같아요"라고 말하면 일에 임하는 자세가 달라질 것이다.

이처럼 Z세대들은 기본적으로 자신이 존중받고 인정받을 때 일에 대한 보람을 더 크게 느낀다. 또한 하는 일의 의미가 커지면 그 일에 더 몰입하게 된다.

자신의 의견을 자유롭게 말하고 싶어 하는 Z세대들의 어려움을 잘 들어주어야 할 필요가 있다. 무엇을 원하고 있는지, 힘든 일은 없는지 끊임없이 질문하고 공감해 주어야 한다. 그들의 입장을 이해하는 것만으로도 큰 신뢰를 얻을 수 있기 때문이다. 수시로 대화하고 피드백하는 문화가 조성되어 있다면 Z세대들과의 소통은 어렵지 않을 것이다.

━━━━━━ 성장을 위한 피드백이 중요하다

건설적 피드백은 Z세대들과 일을 할 때 가장 중요한 요소이다. 이때 솔직한 피드백을 해야 한다. Z세대들은 성장욕구가 강하기 때문에 직설적이더라도 진실된 이야기를 듣고 싶어 한다. 배려한다고 돌려서 말하거나 사실을 왜곡한다면 오히려 실망할 수 있다. 잘못한 부분과 앞으로 개선해야 할 점에 대해 감정을 섞지 않고 사실을 기반으로 피드백해 주면 적극적으로 변화하려고 할 것이다. 솔직하고 구체적으로 빠르게 피드백해 주는 것이 좋다. Z세대들의 성장욕구를 자극하는 피드백은 결국 변화를 일으킬 것이고, 그들이 더 열심히 일할 수 있는 동력을 제공할 수 있다.

완벽한 소통자의 길

우리가 숨을 쉬지 않고 살 수 없는 것처럼 사람은 말을 하지 않고 살 수 없다. 결국 소통은 숨쉬기와 같다. 그러나 때로는 말을 해서 더 힘들어질 때도 있다. 나의 생각을 표현하는 것, 상대방이 하는 말의 본심을 듣는 것, 말을 하는 의미가 제대로 전달되는 것이 왜 이렇게 어려운지 모르겠다. 그래서 우리는 매일 하는 소통이 가장 어렵다고 한다. 어렵다 보니 그냥 편하게 넘어가려 하고, 잘못하고 있는 걸 알면서도 배우려 하지 않는다. 그러나 소통의 본질을 제대로 이해하고 스킬을 익히고 연습해 습관으로 만들면 누구나 완벽한 소통자가 될 수 있다.

지금까지 소통에 대해 다양한 방법들을 설명했지만 결국 소통이란 자신과 대화하는 과정이다. 스스로를 이해하고(자기인식) 타인을 공감하며 이해하려고 노력하는 자세, 타인의 변화를 바라는 것이 아니라 나 스스로가 변하는 것, 그것이 소통의 출발점이다.

오랜 기간 기업과 공공기관에서 많은 소통 강의를 했지만 현장에서 만나는 구성원들은 여전히 소통이 되지 않는다고 호소한다. 그리고 조직진단이나 리더십진단을 해보면 가장 큰 문제 역시 소통에서 발생한다. 팀 안에서의 소통, 팀 간의 소통, 조직 전체의 소통이 가장 큰 이슈가 된다. 그러나 소통이 되지 않는 것은 우리가 소통의 중요성이나 스킬을 몰라서가 아니다. 실제로 현장에서 소통이 안 되는 이유, 소통을 잘하는 방법을 글로 적게 하면 대부분의 사람들은 자신만의 솔루션을 모두 가지고 있다.

결국 소통의 방법을 몰라서 소통을 못하는 것이 아니라 머리로만 알고 실행하지 않기 때문에 안 되는 것이다. 지행합일(知行合一)이 무엇보다 중요한 시점이다. 나와 타인이 다르다는 기본적인 관점을 가지고 자신이 알고 있는 소통 스킬을 적극적으로 실행해야 한다. 지행합일이 몸으로 체득되었을 때 비로소 소통을 잘하는 사람이 된다. 그저 말 잘하고 듣기만 잘하면 완벽한 소통자라고 생각하는가? 내가 누구인지를 정확히 인식하고 타인을 온전히 이해하는 것, 그것만이 완벽한 소통자가 되는 길이다.

이 책을 통해 조직과 개인이 소통할 수 있는 다양한 방법론을 소개하고자 노력했다. 단순히 한 번 읽는 것에 그치지 말고, 자신에게 가장 인상적이었던 소통 스킬을 동료·친구·가족들과 함께 시도해 보자. 시작을 하면 반은 성공한 것이다. 생각한 것을 행동으로 옮기고, 그 행동을 무수히 반복하게 되면 습관이 된다. 습관은 당신의 모습을 변화시키고 궁극적으로 인생을 변하게 할 것이다.

소통은 스킬도 중요하지만 가장 중요한 것은 마인드셋이다. 내가 하고자 하는 것들을 마인드셋하지 않으면 절대로 변화할 수 없다. 운동을 하러 나가려면 일단 신발 끈부터 묶어야 한다. 스몰스텝이라고 하지 않던가? 작은 발걸음부터 시작하자. 일단 변화가 필요한 가장 중요한 것 3가지부터 생각해 보자. 뇌 과학자들의 말처럼 이 3가지를 100일간 손으로 적어보자. 적는 것이 어렵다면 책상 앞에 붙여 놓고 매일 3번씩 반복해서 읽어보자. 100일이 지나면 변화가 느껴질 것이다. 우리의 뇌는 나도 모르게 내가 결심한 것들을 실행할 것이다. 이해만 하고 생각만 하는 것은 아무런 소용이 없다. 실질적인 변화를 이루어내야만 우리가 원하는 성공적인 소통을 할 수 있다. 이 책의 내용대로 한 번 해보는 것이다. 그래서 결국 완벽한 소통자가 되기를 바란다.

소통과 공감 유경철

성과를 내는 조직의 커뮤니케이션 법칙
일, 관계, 갈등이 술술 풀리는 완벽한 소통법

초판 1쇄 인쇄   2024년 4월 5일
초판 1쇄 발행   2024년 4월 10일

지은이   유경철
펴낸이   백광옥
펴낸곳   (주)천그루숲
등 록   2016년 8월 24일 제2016-000049호

주 소   (06990) 서울시 동작구 동작대로29길 119
전 화   0507-0177-7438   **팩 스**   050-4022-0784
이메일   ilove784@gmail.com   **카카오톡**   천그루숲

기획/마케팅   백지수
인 쇄   예림인쇄   **제 책**   예림바인딩

ISBN 979-11-93000-36-6 (13320) 종이책
ISBN 979-11-93000-37-3 (15320) 전자책